民國文化與文學研究文叢

研究
文叢

三 編

李 怡 主編

第 15 冊

民國文學及浙江作家（上）

陳 國 恩 著

國家圖書館出版品預行編目資料

民國文學及浙江作家（上）／陳國恩 著 -- 初版 -- 新北市：花
木蘭文化出版社，2014〔民103〕
目 2+158 面；19×26 公分
（民國文化與文學研究文叢 三編；第15冊）
ISBN 978-986-322-787-8（精裝）
1. 中國文學 2. 作家 3. 文學評論
541.26208   1030127512

特邀編委（以姓氏筆畫為序）：

ISBN-978-986-322-787-8

丁　帆	王德威	宋如珊
岩佐昌暲	奚　密	張中良
張堂錡	張福貴	須文蔚
馮　鐵	劉秀美	

民國文化與文學研究文叢
三 編　第十五冊　　　　　　　　ISBN：978-986-322-787-8

民國文學及浙江作家（上）

作　　者　陳國恩
主　　編　李　怡
企　　劃　四川大學現代中國文化與文學研究中心
　　　　　民國文學與海外漢學研究中心（籌）
　　　　　北京師範大學民國歷史文化與文學研究中心
總 編 輯　杜潔祥
副總編輯　楊嘉樂
編　　輯　許郁翎
出　　版　花木蘭文化出版社
社　　長　高小娟
聯絡地址　235 新北市中和區中安街七二號十三樓
　　　　　電話：02-2923-1455／傳眞：02-2923-1452
網　　址　http://www.huamulan.tw 信箱 hml 810518@gmail.com
印　　刷　普羅文化出版廣告事業
初　　版　2014 年 9 月
定　　價　三編 20 冊（精裝）新台幣 35,000 元

民國文學及浙江作家（上）

陳國恩　著

作者簡介

陳國恩（1956～），武漢大學文學院教授，博士生導師，兼任中國聞一多研究會會長，海峽兩岸梁實秋研究會副會長，中國魯迅研究會副秘書長。主要從事中國現當代文學研究，出版著作《20世紀中國文學與中外文化》、《中國現代文學的歷史與文化透視》、《俄蘇文學在中國的傳播與接受》、《圖本胡適傳》等15部，主編教材《中國現代文學》等4種，合作主編博士原創學術論叢19種、聞一多、蘇雪林學術會議論文集4種、《文學傳播與接受論叢》2種。發表論文250餘篇，完成多項國家社科基金項目和省部級科研項目，科研成果多次獲浙江省、湖北省政府獎。目前承擔國家社科基金重點項目「魯迅與二十世紀中國研究」，主持國家精品課程《中國現當代文學史》的建設。

提　　要

　　該著論及「民國文學」概念的學術價值和實踐功能，強調它側重於時間性，與「現代文學」概念的重視現代性標準有所不同，兩者可以並存且互補。「民國」賦予了民國文學之共和屬性，這意味著在民國文學的框架內可以對一些作家、作品和文學現象做出新的評價。

　　民國時期，浙江作家群佔據了大陸文壇的半壁江山，影響舉足輕重。書中對魯迅、周作人文學創作及思想發展的論述，著眼於他們在中外文化交流的背景中在思想和藝術方面的探索，強調他們的文學史地位既與其自身成就有關，又是一個在意識形態主導下的歷史建構過程，集中反映了不同觀念之間的衝突及交融。郁達夫、梁實秋、應修人、徐訏、無名氏及巴人，皆為浙東作家，本書對他們的多方面研究，致力於發掘以前不太為所人所重視的價值。

　　作者視野開闊，思維縝密，新見疊出，文采盎然。書中內容以論文形式先期發表於《外國文學評論》、《魯迅研究月刊》、《武漢大學學報》、《江漢論壇》等重要學術期刊，多篇文章被中國人民大學《複印報刊資料》等轉載，影響遠播。

「民國熱」與民國文學研究
——《民國文化與文學研究文叢》第三編引言

李 怡

　　經過學界多年的倡導和努力，「民國文學」的概念在越來越大的範圍內獲得了人們的理解和接受，從民國歷史文化的角度闡述文學現象也正在成爲重新定位「現代文學」的重要思路，從某種意義上看，這可以說是近年來中國文學研究的一大動向。當然，面對我們業已熟悉的一套概念、思路和批評方式，「民國文學」的價值、意義和研究方式也依然需要更多的學者共同參與，並貢獻自己的創造性思想，在更獨特更具規模的「民國文學史」問世之前，種種的疑問是不可避免的。其中之一，就是困惑於社會上越來越強烈的「民國熱」：在不無喧鬧、魚龍混雜的「民國消費」的浪潮中，所謂的「民國文學研究」又意味著什麼？它根源於何方？試圖通往何處？如何才能將流俗的迷亂與學術的理性劃分開來？

　　在這個意義上，釐清當前中國社會的「民國熱」與學術研究的「民國文學」思潮之相互關係，也就成了一件極有必要的事情。

作爲當代大衆文化的民國熱

　　民國熱，這個概念的所指本身並不明確：一種思想潮流？一種社會時尚？一種消費傾向？我們只能先這樣描述，就目前一般報章雜誌的議論而言，主要還是指由媒體與出版界渲染之後，又部分轉入社會時尚追求與大衆想像的「趣味的熱潮」。

　　在一個相當長的時期內，「民國」這一概念通常被另外一個色彩鮮明的詞語代替：舊中國，它指涉的就是那一段早已經葬身歷史墳墓的「軍閥當道，

萬馬齊喑，民不聊生」的時代，因早已結束而記憶發黃，因過於黑暗而不願詳述。而所謂的「民國熱」就是對這些固化概念的反動，重新生發出瞭解、談論這段歷史的欲望，並且還不是一般的興趣，簡直引發了全社會範圍內的廣泛而強烈的熱潮。據說，當代中國的「民國熱」要追溯到 2005 年。余世存的《非常道》、美籍華人學者唐德剛的《袁氏當國》、張鳴的《歷史的壞脾氣》相繼出版，一反過去人們對「民國」的刻板印象，種種新鮮的歷史細節和「同情之理解」，喚起了中國人對原本早已塵封的這段「舊中國」歷史的新的興味。接下來的幾年中，陶菊隱、傅國湧、何兆武，楊天石、智效民、邵建、李輝、孫郁等「民國見證人」與「民國史學者」不斷推出各種鮮活的「民國話題」，使得我們在不斷「驚豔」的發現中似乎觸摸到了「眞實」的歷史脈搏，而且，這些關於民國往事、民國人物的敘述又不時刺激到了我們當今生活的某些負面，今昔對比，但不再是過去那種模式化的「憶苦思甜」，在不少的時候，效果可能恰恰相反，民國的細節令人欣羨，反襯出今天的某種不足，這裡顯然不無記憶者的美化性刪選，也難免闡釋者的想像與完善，但對於廣大的社會讀者而言，嚴謹考辨並不是他們的任務，只要這些講述能夠塡補我們的某種欠缺，滿足他們的某些精神需要，一切就已經夠了。「民國熱」在「辛亥百年」的紀念中達到高峰，如今，在大陸中國的稍具規模的書店裏，我們都能夠看到成套、成架、成壁的民國專題圖書，圖書之外的則是更多的報刊文章、電視節目，甚至服飾的民國懷舊潮流，大陸中國的民國熱還在一定程度上波及到了海峽對岸，在臺灣的圖書與電視中，也不時晃動著「民國記憶」的身影，只是，對於一個自稱「民國進行式」所在，也會同我們一起講述「過去的民國」，多少令人覺得詫異，它本身似乎也生動地提醒我們：民國熱，主要還眞是一種大眾趣味的流變，而非知識精英的文化主題，儘管我們的知識界在其中推波助瀾。〔註1〕

作爲當代大眾文化體現的「民國熱」是由知識分子津津樂道的「民國掌故」喚起興味的，正是借助於這些「恍如隔世」的故事，人們逐漸看到了一個與我們熟悉的生活格局迥然有別的時代和社會，以及生活於其中的個性色彩鮮明的歷史人物，出於某種可以理解的現實補償心理，人們不免在這一歷史意象中寄予了大量的想像，又逐漸將重塑的歷史意象召喚進現實，成爲某

〔註1〕參看周爲筠：《「民國熱」之下的微言大義》，載《南方都市報》，2008 年 1 月 20 日。

種時尚趣味的符號，如在一些婚紗藝術照與大學畢業紀念照中流行「民國服飾」。應當說，作為這一社會趣味的推動力量，一些知識分子的「關於民國」的寫作發揮了明顯的作用，例如等等，但是，作為流行的社會趣味本身的「民國熱」卻還不能是一種自覺的時代思潮，而只是知識分子的個人的某種精神訴求與社會情緒的並不嚴密的合流，一方面，知識界對這些「民國文化」的提取和發掘尚未進入系統的有序的理性層面，本身就帶有明顯的趣味化和情緒性色彩，包括目前流行甚廣的所謂「民國範兒」，這個本來是一個值得深入探討的精神現象，但是到目前為止，依然主要流於種種極不嚴格的感性描述與文學比喻，而且據說提出者本人也還試圖放棄其概念發明權。〔註2〕

大眾文化，不管我們今天對它的評價究竟如何，都應該看到，這是一種與通常所說的由知識分子自覺建構的並努力納入到精英文化傳統的追求所不一樣的「文化」，它更多地與人們的日常生活方式及生活趣味緊密聯繫，是指普通大眾基於日常生活的需要而生成的種種精神性追求和傾向，它與精英知識分子出於國家民族意識、歷史使命或文化獨創性目標而刻意生產的成果有所不同。當然，作為個體的知識分子既致力於精英文化的建構，又同時置身於大眾生活的氛圍之中，所以嚴格地講，他同樣也擁有大眾文化的趣味和邏輯，受到日常生活文化的影響，也自覺不自覺地影響著以日常生活為基礎的大眾文化。

從精英知識分子的邏輯出發，我們不難發現大眾文化的若干消極面，諸如與媒體炒作對真正的個性的誤導甚至覆蓋，工業化生產的趣味同質化，五彩繽紛背後隱含的商業利益，對世俗時尚缺乏真正的批判和反思，甚至對國家意識形態的某種粉飾和媾和等等，當年的法蘭克福學派就因此對資本主義的大眾文化大加鞭撻。的確，源於日常生活需要的物質性、享受性與變異性等特點使得大眾文化往往呈現出許多自我矛盾的形態，這裡就有法蘭克福學派所痛心疾首的「商品性」、「同質化」、「工業生產式的批量化」、「傀儡化」、解構主體意識等消極面，如霍克海默和阿多洛在《啓蒙辯證法》中指出的那樣：「文化工業的產品到處都被使用，甚至在娛樂消遣的狀況下，也會被靈活地消費。」〔註3〕「文化工業反映了商品拜物教的強化、交換價值的統治和國

〔註2〕 舒非：《「民國熱」》，見 2012 年 8 月 10 日「大公網」，http://www.takungpao.com/fk/content/2012-08/10/content_913084.htm。

〔註3〕 霍克海默、阿多諾：《啓蒙辯證法》，洪佩郁、藺月峰譯，重慶：重慶出版社，1990 年版，第 118 頁。

家壟斷資本主義的優勢。它塑造了大眾的鑒賞力和偏好，由此通過反覆灌輸對於各種虛假需求的欲望而塑造了他們的幻覺。因此，它所起的作用是：排斥現實需求或真實需求，排斥可選擇的和激進的概念或理論，排斥政治上對立的思維方式和行動方式。」〔註4〕

所以，我們今天也不難發現大眾「民國熱」中的一些為消費主義牽引的例證。例如今天的「民國熱」也開始透露出不少獵奇和窺隱的俗套，諸如《民國公子》、《民國黑社會》、《民國八大胡同》一類黑幕消費、狹邪消費同樣開始流行一時，走上被法蘭克福學派抨擊的文化解構、文化異化的萎靡之路。

作為學術史演進的「民國文學研究」

上述大眾之熱，在最近一些年給人留下了深刻的印象（有人稱之為「愈演愈烈」），所以當「民國文學研究」的呼聲出現，便自然引起了不少的聯想：這是不是「民國熱」的組成部分呢？又會不會落入獵奇窺隱的窠臼呢？

在我看來，「民國熱」與「民國文學研究」的出現，其最大的相關性可能就在時間上。拋開臺灣學界基於意識形態原因而書寫「中華民國文藝史」不算，中國大陸最早的「民國文學」設想出現在 1990 年代末（陳福康），最早的理論倡導出現在 2000 年代早期（張福貴），但形成有聲有勢的多方位研究則還是在 2000 年代後期（張中良、丁帆、湯溢澤、李怡及「西川論壇」研究群體），這一逐漸成熟的時間剛好與所謂的「民國熱」相重疊，所以難免會給人從中尋覓關聯。不過，值得我們注意的是，在前述大眾趣味的民國熱之外，其實還有另外一條線索被我們忽略了，這就是學術界對中國近現代歷史的考察和追問方式。

20 世紀初，劍橋史書已經成為英語世界的多卷本叢書典範，《劍橋中國史》從 1966 年開始規劃，迄今已經完成 16 卷，它對歷史的劃分很自然地採用了朝代與政治形態的變化加以命名，至我們所謂的現代與當代分別編寫了《中華民國史》與《中華人民共和國史》各兩大卷，在這裡，「民國」歷史的梳理和描述已經成為國際學界的正常工作，絲毫不涉及流行趣味的興起問題。

在大陸中國，雖然因為政治原因，「民國」一詞一度包含了某種政治禁

〔註4〕斯道雷：《文化理論與通俗文化理論導讀》，楊竹山譯，南京：南京大學出版社，2001 年版，第 71 頁。

忌，需要謹慎使用，但總體來看，除了「文化大革命」這樣的極端的文化專制時期之外，對「民國史」的關注和研究一直獲得了國家層面的包容甚至支持。《中華民國史》的編修工作可以追溯到半個世紀以前，早於《劍橋中國史》的編寫計劃。1956 年，在「向科學進軍」及「百花齊放、百家爭鳴」的熱潮中，國家科學發展十二年規劃中就已經列入了「民國史」的研究計劃。1961 年是辛亥革命 50 週年紀念，作為辛亥革命親歷者的董必武、吳玉章等人又提議開展民國史研究。1971 年全國出版工作會議期間，周恩來總理親自指示，將編纂民國史列入國家出版規劃，具體交由中國科學院哲學社會科學學部（今中國社會科學院）近代史研究所負責組織實施，由著名史學家李新先生負責統籌。由於「文革」的環境所限，編寫工作真正開始於 1977 年，但作為項目卻始終存在。作為民國史研究系列之一，《民國人物傳》第一卷於 1978 年出版；1981 年，《中華民國史》第一卷上下兩冊亦由中華書局正式出版，至 2011 年辛亥革命一百週年前夕，全套《中華民國史》共 36 卷全部出齊，被稱為是中國出版界在近年來的一件大事。有趣的是，《中華民國史》第一卷在當年問世之後，遭到了臺灣學界的激烈批評，被認為是政治色彩濃厚，評價偏頗的「官史」，當時大陸方面特意回應，辯解說我們民國史研究不是政治行為，是完全的學術行為。雖然這辯解未必完全道出了我們學術制度的現實，但是從那時起，「民國史」的研究至少在形式上已經成為學術而不是政治的一部分，卻是值得肯定的事實。到今天，史學界內部的民國史研究已經成為中國學術重要的方向，中華民國史研究被確立為中國社會科學院重點學科也已經十多年了；致力於「民國史」研究的自然也不只中國社會科學院一家，如南京大學、復旦大學、北京師範大學、中國人民大學等諸多學術機構都在這方面投入甚多，且頗有成就，就是一部《中華民國史》今天也不僅有中國社會科學院牽頭版，也另有南京大學版（南京大學出版社，2005 年，張憲文主編）、中國現代史學會版（四川人民出版社，2006 年）等，2000 年 9 月，南京大學中華民國史研究中心被批准為教育部普通高等學校人文社會科學重點研究基地，多年來，他們通過編輯出版《民國研究》，承擔國家重點科研項目、連續舉辦中華民國史國際學術研討會、不斷推出大型研究叢書等方式穩健地推動著民國史的研究。

　　這一「民國史」的學術努力試圖突破當代「以論代史」之弊、還原歷史真實，承襲的是實事求是的中國學術傳統，與當下社會文化的時尚毫無關

係。

民國文學研究的出現和發展同樣是歷史學界實事求是追求的一種有力回應。

同整個歷史學界一樣，中國文學史研究也一度成爲「以論代史」的重災區，甚至作爲學科核心概念的「現代」一詞也首先來自於政治思想領域，與中國文學發生發展的事實本身沒有關係，以致到了 1980 年代，我們的文學博士還滿懷疑惑地向學科泰斗請教「何謂現代」。1990 年代的「現代性」知識話語讓中國文學研究在概念上「與國際接軌」了，但同樣沒有解決「以中國術語表述中國問題」的困惑，凡此種種，好像都在一再證實「論」的重要性，於是，「以論帶史」的痕蹟依舊存在。

如何回到中國歷史自己的現實，如何在充分把握這些歷史細節的基礎上梳理和說明我們文學的發展，我們需要走的路還很長很長。

「民國文學」概念的重新提出，其實就是創造了一種可能：我們能不能通過回到自己的國家歷史情態之中，就以這些歷史情態爲基礎、爲名詞來梳理文學現象——不是什麼爭議不休的「現代」，也不是過於感性的「新文學」，就是發生在「民國」這一特定歷史語境中的精神現象和藝術追求，一切與我們自己相關，一切與生存於「民國」社會的我們相關。

就是這樣，本著實事求是的治史傳統，我們可以盡可能樸素地返回歷史的現場，勘探和發掘豐富而複雜的文學現象。實事求是，這本來是當年「民國史」負責人李新先生的願望，他試圖倡導人們從最基礎的原始材料做起，清理和發現「民國」到底有哪些值得注意的史實，這樣的願望雖然在「文革」的當時並不能實現，但卻昭示了一代民國史學人的寶貴的學術理想。今天，文學史研究也正在經歷一場重要的轉型，這就是從空洞的理論焦慮中自我解放，重新返回歷史，在學術的「歷史化」進程中鳳凰涅槃，迎來自己新的生命。

只有在這樣的學術脈絡中，我們才有可能洞悉「民國文學」研究的眞諦，也才可能將眞正學術的自覺與大眾文化的潮流區分開來，爲將來的文學史研究開闢嶄新的道路。

社會的時尚是短暫的，而文學史研究的發展卻有它深遠的思想淵源。

大眾的文化是躁動的，而我們需要的學術卻是冷靜的、理性的。

當下的潮流總是變動不居的，除了「民國」之熱，照樣還有「啓蒙」的

熱,「黨史」的熱,「國學」的熱……不是每一椿的「時髦」都可以牽動學
術思想的重大演變,儘管它們可以在某種程度上相遇,也可以發生某種的
對話。

　　一切都是如此的不同,一切本來也就是根本不同。

熱中之冷與冷中之熱

　　我如此強調文學史學術的冷靜與理性,與鼓譟一時的社會潮流區別開
來,這當然並不意味著我們的工作是封閉於社會,不食人間煙火的學院活動,
當代學術向著「歷史化」的方向轉型,這並不意味著學術從此與主體感受無
關,與社會關懷無關。從根本上看,這是一種對於研究主體與歷史客體雙向
關係的全新的調適,我們必須充分地尊重未經干擾的歷史事實本身,同時也
要善於從歷史事實的豐富中把握我們感受的真實性,在過去的歷史敘述中,
我們對此經驗欠缺,希望「民國文學史」研究能夠讓我們重新開始。

　　這也就是說,雖然我在根本上強調了學術邏輯與時尚邏輯的不同,但是,
我也無意拒絕從社會的普遍感受中獲得關於「歷史價值」的追問和思考,包
括對大眾文化內在意義的尊重和關注。法蘭克福學派曾經激烈地抨擊了大眾
文化的諸多弊端,不過,這不能掩蓋另外一些學者如英國的文化研究(如費
斯克的學說)從相反的角度所展開的正面的發掘與肯定,這指的是對大眾文
化追求中積極的建構性意義的褒揚。如費斯克所欣賞的反抗性、自由選擇性,
正所謂「身體的快感所進行的抵抗是一種拒絕式的抵抗,是對社會控制的拒
絕。它的政治效果在於維持著一種社會認同。它也是能量和強有力的場所:
即這種拒絕提供強烈的快感,並因而提供一種全面的逃避,這種逃避使身體
快感的出現令上層覺得驚慌,卻使下層人民感到了解放。」〔註5〕中國的大眾
文化是在結束文革專制、社會改革開放的過程中發展壯大的,這樣的過程本
身就與法蘭克福學派所警惕的成熟的資本主義文化不盡相同,它在問題重重
的同時依然帶有抵抗現實秩序的某些功能,因此值得我們認真對待。即以我
們目前看到的「民國熱」為例,一方面其中肯定充斥了消費主義的萎靡之態
與嘩眾取寵的不負責任,但是,在另外一方面,我們卻也應該承認,帶動了
「民國熱」的許多講述者本身也是民國史的研究者和關注人,他們兼具知識

〔註5〕費斯克:《理解大眾文化》,王曉玨、宋偉強譯,北京:中央編譯出版社,2001
　　　　年版,第64頁。

基礎與人文關懷，即使是對「民國」的浪漫化的想像也部分地指向了某種對理想信念的緬懷——教育理念、文化氛圍、人格風骨等等——顯然不都是歷史的事實，但是提出問題本身卻無不鑒古知今，繼續變革中國、造福民族的意味，這卻不是無的放矢的。這樣的大眾文化包含了某些值得深思的精神訴求，在信仰沉淪、物質至上、唯利是圖的時代，尤其不可爲「治民國史」者所蔑視，在某些時候，其本質上胸懷民族未來的激情恰恰應該成爲學術的內在動力。

當然，社會情懷的擁有並不就是學術本身。學術自有自己的理念和法則，作爲學者，我們思考的不是改變這些法則去遷就大眾的情趣，相反，是更好地尊重和完善法則，讓法則成爲社會情懷的合理的延伸和提煉。民國文學的研究首先是學術，不是轉瞬即逝的社會潮流，與那些似是而非的「民國熱」比較，我們起碼還應該在下面幾個方面意識清晰：

第一，作爲學者而不是媒體人，思想是學者的第一生命，而思想的提煉必須來自於對現實生活的有距離的觀察和判斷。我們要特別強調一種理性的認知，以代替某些煽情式文字書寫。之所以這樣強調，乃是在「學術通俗化、市場化」的今天，學術著作有時混同於媒介時代大量的「抒情讀物」中，如果單純依從大眾閱讀的快感，難免會模糊掉學者的本位，使思想讓位於抒情。

其次，作爲歷史敘述的工作者，我們應該盡力還原歷史的複雜性，以區別於對歷史的想像。作爲大眾文化的精神需求，其實不可能「較眞」，有時候似是而非的故事更能夠調動人們的情緒，但是對於歷史工作者就不同了，它必須對每一個細節展開盡可能的考察、追問，即使充滿矛盾之處，也必須接受仔細的勘探和分析，當然，這樣的刨根問底可能會打破不少的幻夢，瓦解曾經的想像，就是「歷史見證人」的「口述實錄」也必須接受專業的質疑，未經質疑和考證的材料不能成爲我們完全信賴的根據，這樣的「工作」常常枯燥而繁瑣，並不如一般大眾想像的那麼自由和愜意，但是學術的眞相必須在直面這樣的事實之中，只有洞察了所有這一切的矛盾困惑，我們方能獲得更高的事實的頓悟，也只有不間斷的疑問，才能推動我們對「問題」的不斷發現。正如有學人指出的那樣：「民國自有許多值得我們繼承、借鑒的遺產，如自由之精神，如兼容並包的大學氣度等等，但我們不應不加辨析，只選取光鮮處，一味稱歎；更無意於要在民國諸賢中分個高低上下，使孔子大戰耶

穌，魯迅 PK 胡適，只是覺得我們在關注歷史人物時，首先要研究其思想、事功，而非僅僅作為飯後談資的八卦、段子。」〔註6〕

第三，民國文學的研究最終是為了解釋說明文學本身的問題而不是其他。這裡的「其他」常常就是大眾豐富的需求，或者為了各自的政治道德目標，或者為了心理的釋放，或者就是獵奇與八卦，一切事物都可以成為談資，一切談論的方式都無不可，超越「專業」的任性而談往往更具某種「自由」的魅力。但是，一旦真正進入專業研究，這都是學術的大敵。民國文學研究最終是為了深刻地解釋和說明民國時期的文學何以如此，所有「文學之外」的信息都必須納入到對「文學之內」的認定才有其必要的價值，而且這些信息的真正性也須得我們反覆校勘、多方考辨。在「文學解釋」的方向上，關於「民國」的種種逸聞趣事本身未必都有價值，未必都值得我們津津樂道，只有能夠幫助我們重新進入文學文本的「故事」才具有學術史料的意義。

最後，也是我們必須格外重視的一點，那就是學術研究所包含的社會情懷主要是通過對社會文化環境的緩慢的影響來實現的，它並不等於就是目標單純的政治抨擊，也不同於居高臨下的道德訓誡。就民國文學研究而言，如何我們能夠在學術研究中發掘某些民國文學的發展規律，揭示某些民國作家的精神選擇，闡述某些文學文本的藝術奧妙，本身就對當前的文學生態發生默默的轉移，又經過文學的啟迪通達我們更大的當代精神，誠如斯，學術的價值也就實現了。學術研究有必要與傳統所謂的「現實隱射」嚴格區別開來，雖然我們能夠理解傳統中國的專制主義壓抑下「隱射」思維出現的理由，但是在總體上看，精神活動對社會現實的影響應當是正大光明的，而「隱射」思維卻是偏狹的和陰暗的，文學研究是排除「預設」的對歷史現象的豐富呈現，「影射」卻將思想牽引到一個特定的主觀偏執的方向之上，不僅不能真正抵達真相，而且還可能形成對歷史事實的扭曲和遮蔽，學術擁有更為開闊的目標和境界，而「影射」則常常被個人的私欲所利用。和一切嚴肅的學術研究一樣，民國文學研究是在健康和積極的方向上為中國的當代文化貢獻自己的智慧和力量。

恰恰是「民國熱」之中，我們需要一種「冷」的研究，當然，這「冷」並非冷漠，而是學術的冷靜和理性的清涼。

〔註6〕 王晴飛：《冷眼「民國熱」》，《文學報》，2012 年 7 月 5 日。

目

次

下　冊

第一輯　民國文學

民國文學與現代文學

　　歷史細究起來有時會很有意思。辛亥革命是在湖北新軍中文學社、共進會等革命組織的起義計劃受挫的情況下，由新軍中的下層士兵發動的，然而就這一次起義改寫了中國的歷史。辛亥革命之於民國文學史，似乎更屬偶然：1911 年 10 月 10 日這天本與中國文學的發展毫無關係，但就因爲這一天標誌著千年帝制的崩潰和中華民國的即將誕生，如果現在談論民國文學就再繞不過辛亥這個話題了。

　　在相當長的一個時期裏，中國大陸的學者不太習慣談論民國文學，要談論也用新文學或者現代文學的概念。原因不外乎「民國文學」中包含了民國正統的觀念，而民國正統的觀念在一個時期裏與中國共產黨人的現代史觀是相牴觸的。中國共產黨人認爲，從袁世凱竊國到蔣介石專權，中華民國政府失去了合法性，這才需要發動人民革命推翻舊政權，建立新中國。更爲重要的是，蔣介石集團退居臺灣後仍以民國正統自居，因而否定民國的正統性，就成了中華人民共和國鞏固新生政權的法理基礎。「新文學」或者「現代文學」則不同，它們是從文化的角度來定義文學史的，強調文學內容和形式上的現代性，不涉及相應時期政權的正統性問題，而且還由於是「新」的和「現代」的，它們事實上還成了批判舊文化、舊政權，爲新生的中華人民共和國提供合法性論證的一種有效手段。

　　不過，中華民國是從清朝滅亡至中華人民共和國成立之前這個時期整個中國的國家名稱和年號，這沒有任何爭議。當歷史上的國共鬥爭不再影響現實政治時，國民黨在大陸執政期間的歷史功過開始得到比較客觀的評價，民國史研究在大陸逐漸受到了學術界的重視。民國史研究是如此，我想民國文

學史的研究也會順理成章地提上議事日程，成為中國文學研究的一個重要組成部分。

在中國現代文學已經成為一個獨立學科以後，提出民國文學的概念有什麼意義呢？

作為斷代文學史，民國文學中的「民國」可以是一個時間框架。就像先秦文學、兩漢文學、魏晉南北朝文學、隋唐文學和宋元明清文學中的各個朝代是一個時間概念一樣，民國文學中的民國，是指從辛亥革命到1949年中華人民共和國成立這一時段。凡在這一時段裏的文學，就是民國文學。因此，民國文學的起止點是非常明確的，不像現代文學，由於強調現代性，加上現代性的判斷沒有一個統一的標準，即使有統一標準，把它落實到具體的文學史中也會產生不少分歧，因而現代文學起於何時至今還存在爭議。文學的變化及其表現形態，涉及許多複雜的問題，所以要給文學史分期，以朝代為標準也不失為一個好辦法。它的好，就在簡單明確，不涉及價值的評判，不會發生重大的歧義。

把民國文學中的民國看成是一個時間框架，意味著這一時間框架內的各種性質的文學都會受到公平的關注，這跟現代文學的概念就有所不同。現代文學，是現代性的文學。現代文學學科本身已經認定現代文學是從古代文學發展而來的，有一個歷史進化的觀念在那裡，凡符合這一觀念的就被認為有正面的價值，不符合這一觀念的就被認為是反動的，因而就有了文學革命、革命文學、復古主義、保守主義等等名稱，這些名稱本身即已被派定了命名者對它的態度，由這些名稱所指稱的作家作品或者文學現象因此便有了由其內含標準規定的意義高下的區別。這對文學史研究來說，是會帶來重大影響的。比如，在現代文學史中引進現代人創作的舊體詩詞或者文言文，會有不少學者持反對的意見，他們認為這不符現代性的標準，會導致現代文學價值標準的混亂，例如造成對文學革命評價的自相矛盾。但在民國文學的框架中，引進現代人創作的舊體詩詞或者文言文就不存在任何問題，因為現代人創作的舊體詩詞或者文言文是一個客觀的存在，它們理應在文學史裏得到反映。至於研究者如何評價它們，那是研究者個人的事。不同的研究者會有不同的態度，甚至允許你揚文言而抑白話。對那些在文學史上因政治因素的干擾而存在爭議的文學現象也可如此看待，即允許研究者依個人的觀點和立場做出判斷，只要不違背現行憲法的規定就行。舉例來說，對左翼文學或者民族主

義文學的政治傾向和藝術成就，包括其存在的問題，在現代文學的框架裏已經受到其內在價值標準的影響，有了定評，但在民國文學的框架裏可以進行新的思考，不必計較其政治傾向性而加以簡單的褒貶取捨。換言之，在側重時間意義上的民國文學的框架中，研究者可以少受政治因素的干擾，可以較為自由地發揮研究的個性。對於某些作家作品或者文學現象來說，他（它）們或許可以因此受到更為客觀的對待；對於文學史來說，這或有利於更為充分地展現這一個時段文學的豐富性和複雜性。

對民國時期不同的作家作品和文學現象不是先按某種內含的固定標準進行等級區分，而是把它們當作單純的文學和文學現象來看待，進行就事論事的研究，這實際上是允許研究者憑個人的判斷力說話。但這同時又要求研究者在堅持個人標準的同時，必須採取學術的態度。所謂學術的態度，借用胡適之的話，就是「有一分證據說一分話；有三分證據不說五分話」，好處說好，壞處說壞，努力做到客觀公正，避免門戶之見。當然，證據未必絕對可靠，一者因為證據的辨別和採用難免帶著主觀因素，二者因為我們不可能窮盡全部的證據，例外總是存在的。因此，在「大膽的假設，小心的求證」的過程中，研究者要避免獨斷，就要隨時準備接受別人的批評，所謂從善如流、勇於改正錯誤者是。這種謙虛的態度，可以促成學術探討中的不斷切磋、相互對話的風氣，有利於學術民主的發展。當然，沒有預設的標準並不是研究者沒有標準；相反，不預設標準，卻是賦予了研究者一種權利，他可以按照個人所意識到的審美的和歷史的標準去進行文學的批評。如果他的批評違反了文學的審美特點和歷史的規定性，就有可能招來他者的反批評，他應該承認他者有反批評的自由。自由的批評和交流，是學術自由精神的重要保證和生動體現。

不過話說回來，民國文學中的「民國」也並非單純的時間概念而不帶任何的價值傾向。同盟會當初發動反清革命時提出的口號是「驅逐韃虜，恢復中華，創立民國，平均地權」，後來孫中山做了進一步闡釋，把它發展為以民族、民權、民生為內容的三民主義。辛亥革命後建立的中華民國，自然會由堅持民族革命、民權革命和民生革命理想的革命者賦予其三民主義的政治理念，從而使民國具有現代共和國的特性。雖然提出三民主義理想與真正實現了這一理想是兩回事，但辛亥革命推翻了封建帝制，建立了共和，這對後來的歷史發展產生了非常深遠的影響。不能否認三民主義與共產主義有相通之

處，正因為兩者有相通之處，所以後來共產黨人承認它可以作為自己的最低綱領，並在此思想基礎上實現了大革命時期國共兩黨的合作。這裡的意思是說，三民主義後來如何蛻變，或者有沒有真正實現，這是另外的問題，而它在辛亥革命這個民國的起點上賦予了民國以不同於歷史上其它任何朝代的新的特質，則是明確無誤的。民國文學的總體特徵如何歸納，可以進一步深入研究，但它從起點上所獲得的歷史規定性給它後來的發展打上了深深的烙印，這一點不能不注意。這不是說研究民國文學應該按照三民主義的思想來進行；相反，我們應該超越三民主義，站在更高的歷史點上來對民國時期的文學作出評判，但由辛亥革命所推動的民族革命、民權革命、民生革命的合理內涵我們也不應簡單地加以否定，而要以歷史唯物主義的觀點進行考察，即把問題提到當時的歷史語境中去，具體問題具體分析。這意味著在民國文學的框架內從事研究，有可能對一些作家、作品和文學現象作出不同於在現代文學的框架內所得出的結論。舉一個例子，比如辛亥革命對於後來文學發展的影響，在民國文學框架內的評價肯定要高一些，因為它賦予了民國文學以起點的意義。任何歷史現象的起點，總是會在這一現象的後來發展中留下深深的烙印的，所以按民國文學的思路，辛亥革命雖然與文學的變革沒有直接的關係，但它推翻了帝制，建立了共和，為文學的變革創造了重要的條件。按這樣的思路，辛亥革命與五四新文化運動和五四文學革命就是一種順向的發展，甚至可以說「沒有辛亥，何來五四？」這與現代文學的框架中給出的結論是有所區別的。在現代文學的框架中，迄今為止辛亥革命的意義相對要顯得小一些。一是因為辛亥革命的領導者都不太重視文化和文學的問題，它與文學的發展沒有直接的關係，二是因為現代文學學科建立時接受新民主主義思想的指導，要強調新民主主義對於舊民主主義的超越，所以要更多地強調辛亥革命的歷史局限性，以便在文化上給新文化運動和文學革命的發生以更為充分的理由，從政治上賦予中國共產黨登上歷史舞臺以更重要的意義。如何在民國文學的框架中評價作家、作品和文學現象，涉及到許多作家作品和文學現象，顯然是一項非常複雜繁重的工作。但是有一點可以肯定，在民國文學的框架中得出的結論與在現代文學框架中得到的結論是會有所不同的。至於這種不同有什麼樣的意義，還需要進一步研究。具體問題具體分析，不宜一概而論。

最後，應該說到民國文學和現代文學的關係了。在現代文學研究已經達到很高水平的時候提出民國文學的概念，好處是可以從一個新的角度、按照別樣的思路來研究某些相同的對象，使人們對這些文學現象有一個新的認識，通過比較，再把這些認識引向深入。同時，這也說明了民國文學不能取代現代文學，反過來也是如此。這首先是因爲兩者關注的重點不同，現代文學研究要還原中國文學從古代到現代的發展過程，揭示其中的現代化規律，在此基礎上對相關的作家作品和文學現象做出評價；民國文學研究則是要在民國的時間框架裏評品作家作品，考察不同文學現象之間的聯繫，更多地體現研究者個人的立場、觀點和趣味。同時，兩者起止點也不同——現代文學作爲一個學科，是從古代和現代的分水嶺開始，至於分水嶺在哪裏，可以討論，但顯然不宜定在辛亥首義那一天，而它的發展目前還沒有終止，它還在奔向現代化方向的途中，就是說終點仍不可預見；而民國文學，則可以明確地說，起於辛亥革命而止於中華人民共和國成立。

雖然兩者有重疊，但又存在重大的不同，那就不妨讓兩者並存，使人們在考察某一時段文學時擁有可供選擇的不同思路和研究手段。民國文學研究，是一個朝代文學的研究，就像我們今天研究先秦文學、兩漢文學、魏晉南北朝文學、隋唐文學和宋元明清文學一樣，可以有研究者個人的角度和理念，但不一定要堅執現代性的總體歷史敘事原則。現代文學研究，當然也要有研究者個人的風格，但是要把研究對象放到中國文學從古代到現代發展的背景上去，追索其中現代性價值實現的過程和規律，它顯然超越了一個朝代文學研究的思路，具有更爲宏闊的視野，肩負著更爲重大的學術使命。

（原載《鄭州大學學報》2011 第 5 期）

「民國文學史」的意義、限度及其可能性〔註1〕

一、命名何以成為問題？

　　中國現當代文學史到底應該如何分期和斷代，一直是當今學術界的熱門話題，因為它牽涉到文學史編纂和研究的諸多方面。就近百年中國文學史發展而言，學者們站在不同的角度，他們得出的結論也就往往大相徑庭。不管是早期朱自清、周作人、王哲甫等人的「新文學」視角，還是錢基博的「現代中國文學」路徑，抑或是唐弢的「中國現代文學史」理路，或者是錢理群、黃子平、陳平原的「二十世紀中國文學」框架，都從一個獨特角度切入了文學史本身，顯示出他們對此段文學史發展的真實感受，分別代表了各自所處時代的較高水平。主要原因就在於作為對近百年中國文學史的命名方式之一，「中國現代文學史」的概念，歷史地發揮了自己的重要作用，使中國現代文學的學科基礎變得日益厚實，逐漸走向成熟狀態。諸多文學史著思路清晰，結構嚴密，資料翔實，論述有力，打上了時代的深刻烙印，拓寬了中國現代文學史的書寫空間，有效提升了中國現代文學史在整個文學史發展過程中的地位，其意義和價值自然是不容抹煞的。當然，中國現代文學史在不斷尋求自身存在合法性的過程中，對此種命名的質疑之聲也從來沒有間斷過。特別是 20 世紀 80 年代以後，隨著「重寫文學史」浪潮的高漲，人們從不同學術路徑出發，突破了原來文學史書寫過程中的狹小格局，改變了固有觀

〔註1〕　本文與禹權恒合作。

念，中國現代文學史的書寫呈現出多元共生的繁榮景象，一些凸顯個人治史風格的文學史著開始進入讀者視野。比如近幾年來，嚴家炎主編《二十世紀中國文學史》、錢理群著《中國現代文學史論》、吳福輝著《中國現代文學發展史》（插圖本）、朱壽桐主編《漢語新文學通史》等一批文學史著，都顯現出一種開創性的學術勇氣和學術姿態，把中國現代文學史以多側面、多角度的方式描述出來，有效增加了文學史書寫的多種可能性。由於他們的立論基礎和邏輯起點各異，對某些文學史現象的認識也就迥然不同，尤其是對諸多歷史細節的描述更是千姿百態，這對於積累並不算豐富的中國現代文學學科發展而言，實乃萬幸。

我們習慣上所說的「中國現代文學」，實質上是在現代性結構框架下的命名。在歷時性上，它一般指涉的是從 1917 年到 1949 年這一特定的時間段；從共時性上來說，主要包括在中國大陸這一特定的空間範圍之內，出現許多的文學社團、文學流派、文學思潮、文學運動、文學論爭、作家作品等。但是，隨著社會思想觀念的不斷更新，部分學者開始不斷反思和質疑此種文學史命名方式的合理性：中國當代文學是中國現代文學發生之後的一種自然順延嗎？二者之間的斷裂性和延續性分別表現在哪裏？究竟是斷裂性大於延續性，還是延續性大於斷裂性？中國當代文學的起點和終點到底又是什麼？我們應該如何處理現代作家的通俗小說和舊體詩詞創作？是把它們剔除出現代中國文學史而單獨研究，還是完全摒棄而不顧？臺港澳暨海外華文文學的意義歸屬究竟在哪裏？所有這些質詢，似乎都對中國現代文學學科的發展和深化構成了一種挑戰。我們究竟應該如何應對這些質疑？如何有效地解決這些矛盾和棘手問題？

二、「民國文學史」概念的意義及其限度

德國著名哲學家雅斯貝爾斯說：「今天，認為歷史是可總覽的整體的觀念正在被克服，沒有一個獨此一家的歷史總概括仍能讓我們滿意。我們得到的不是最終的，而只是在當前可能獲得的歷史整體之外殼，它可能再次被打破。」〔註2〕換句話說，我們總是不斷建構自己的歷史敘述，而這些敘述永遠不會是鐵板一塊的。按照此種說法，中國現代文學史的書寫和編纂，似乎也非常契

〔註2〕 卡爾·雅斯貝爾斯：《歷史的起源與目標》，魏楚雄、俞新天譯，華夏出版社 1989 年版，第 307 頁。

合這一結論。當前,「中國現代文學史」的概念之所以不斷遭人質疑,主要原因就在於此種命名背後包含著許多矛盾叢生、指涉含混、意義模糊的因素。然而,究竟有沒有一種更趨合理性的命名方式,能夠有效地避免這些矛盾呢?回答應該是肯定的。

　　近幾年來,「民國文學」作為一種文學史敘述視角,就是針對上述弊端而催生出來的一個學術命題。那麼,「民國文學史」概念的內涵和外延到底是什麼?我們究竟是在什麼意義上來言說民國文學史的?它的邏輯結構和立論基點到底怎樣?迄今為止學術界對此問題的爭論一直存在,內部依然有諸多不確定因素。張福貴、秦弓、丁帆、李怡、陳國恩、王學東、張桃洲、周維東、張堂錡等一批學者,都對該問題進行了認真辨析和清理。他們分別在不同的場合,以不同的話語方式,倡導「民國文學史」編寫的合理性。但是,截止今天,部分問題依然處於一種擱置爭議的狀態,沒有達成彼此都完全認同的結論。其中,張福貴指出,已經取得歷史合法性的「中國現代文學」的稱謂,不僅僅是從中國近代化過程中派生出來的文學史概念,也不僅僅是中國獨特的思想史、文化史、政治史的美學特徵,更不應該是純粹的審美範疇內的純文學譜系。應該突破單一的歷史格局,將現代文學的命名從現代的意義框架還原於時間框架,以時間概念的無限包容性、豐富性、可能性為其重新命名,以社會意識形態的轉型為背景,對中國現代文學史的命名進行重新的梳理和辨析,把 1949 年以前的文學稱為「中華民國文學」,1949 年以後的文學稱為「中華人民共和國文學。」〔註 3〕他在另一篇文章中對「民國文學史」概念又進行了辨析,進一步指出民國文學史概念內涵的多元性和邊界的開放性特徵:「一是減少了文學史命名過程中的意識形態的色彩和先入為主的價值觀;二是具有歷史的慣性;三是時間概念的自然形態為文學史寫作的個性化提供了更廣闊的空間,似乎更加合乎中國文學的本質特徵;四是具有鮮明的文學時代特徵。」〔註 4〕秦弓則從民國史的視角對現代文學學科進行了反思,對「歷史還原」進行了詳細解讀。他認為,首先是追溯現代文學的傳統根源;其次是還原現代文學的發展脈絡和歷史原貌;最後是探究現代文學的社會文化背景。也就是說,現代文學的「歷史還原」,不能僅僅局限於新民主主義的視角,而是應該引進民國史視角,全面解讀辛亥革命的重要

〔註 3〕　張福貴:《從意義概念返回到時間概念》,《文學世紀》2003 年第 4 期。
〔註 4〕　張福貴:《從現代文學到民國文學——再談中國現代文學的命名問題》,《文藝爭鳴》2011 年第 7 期。

性，勇於正視民國爲現代文學提供的發展空間，還原面對民族危機的民國姿態，進而復原現代文學史的原生態，才能準確地理解現代文學的作家、作品和其他文學現象。〔註5〕丁帆則從文學史的斷代層面切入問題，他認爲「晚清文學」歸屬清代文學，「民國文學」就是民國文學。「民國文學」的表述在大陸自 1949 年中斷之後，在臺灣地區仍然在延用，承認這樣的表述並非完全是從政治文化的角度來考慮問題，同時也是從文學自身的變化來關注的。因爲在整個新文學的發展過程中，1949 年以前的臺灣文學只是一個區域性文化特徵很強的文學呈現，而 1949 年以後，雖然在政治上依然是區域性的存在，但是其文化與文學卻十分嚴重地受著一種特殊的政治體制的制約，文學服務屈從於政治不僅是大陸 1949 年以後的文學特徵，同時也是臺灣 1949 年以後的文學特徵。〔註6〕他進而提出了「民國文學風範」的概念，旨在說明作爲一種區域性非常明顯的文學形態，臺灣地區在 1949 年以後，依然保留了五四新文學的傳統（這裡特指五四前後包括俗文學在內的「人的文學」的內涵）。李怡則運用「民國機制」的稱謂，來重新審視現代中國文學是在「民國」這一特殊生存環境和文化環境之中產生的。他認爲「民國機制」至少包括三個層面的含義：「作爲知識分子一種生存空間的基本保障；作爲現代知識文化傳播渠道；作爲精神創造、精神對話的基本文化氛圍。」〔註7〕毋庸諱言，這一「機制」的形成得力於封建專制土崩瓦解之後中國社會的「中心權利失落」，又借助五四新文化運動的思想解放而逐漸成形，從而開始爲中國文學的自由發展奠定了最重要的基礎。換言之，就是民國時期的知識分子存在著既相互有分歧又相互尊重、有一定認同度的文化圈，此種文化生態有效地保障了民國時期諸多知識分子的話語空間和文化爭鳴。我們由此可以看出，上述學者從各自的學術立場出發，站在時代發展的新高度，詳細回答了「民國文學史」作爲一種相對合理的文學史命名方式到底具有怎樣的特質和優勢，究竟在什麼層面上袪除了「中國新文學史」、「現代中國文學史」、「中國現代文學史」、「二十世紀中國文學史」等等系列命名方式的局限性，此種稱謂的合法性究竟表現在什麼地方。可以說，這是一個非常富有學術價值的前沿問題，亟待深入辨析和進一步論證。

與此同時，對此命名持懷疑態度的學者也不在少數。比如，羅執廷、張

〔註5〕 秦弓：《現代文學的歷史還原與民國史視角》，《湖南社會科學》2010 年第 1 期。
〔註6〕 丁帆：《給新文學重新斷代的理由》，《中國現代文學研究叢刊》2011 年第 3 期。
〔註7〕 李怡：《五四與現代文學民國機制的形成》，《鄭州大學學報》2009 年第 4 期。

桃洲、王學東等青年學者，對此問題進行了一系列深刻反思。羅執廷就旗幟
鮮明地指出，「民國文學史」結構框架嚴重挑戰了「現代」、「現代性」等具有
積極意義的歷史概念，體現了一種並非進步的文學史觀。而且，此種命名所
主張的文學史分期依據、分期界限都存在嚴重偏頗，即過分強調了國體、政
體對文學史分期的影響力，卻獨獨忽視了世界背景和中國現代化的歷史進
程，缺乏一種大歷史觀和大文學觀。〔註8〕張桃洲則說：「任何研究的眞正推
進，並不完全倚仗研究範圍的擴大、研究資料的增加，更有賴研究觀念和方
法的更新。」「事實證明，研究中多種概念的相異共存和相互激發，將會豐富
和推進研究的展開，加深對概念本身的理解。」〔註9〕當然，我們也應該清醒
地認識到，「民國文學史」概念的提法的確不是一種終極眞理，內部也存在著
一系列互相辯駁的矛盾和問題。比如，民國文學史指涉的時間起點和終點到
底在哪裏？空間範圍究竟包括哪些部分？民國文學史最後會不會淪爲各種文
學史現象的大雜燴？實際上，丁帆、李怡等新銳學者也都是在不斷思考和爭
辯的過程中，及時地加以完善和修訂自己的觀點。其中，最重要的問題是，
此種文學史的命名更替不是一種簡單的名詞之爭，更不是一種趕時髦的學術
跟風，而是要不斷調整文學史研究的視角和路徑，開啓文學史敘述一種新的
可能性。在這個「還原式」的敘述過程中，許多被遮蔽的歷史細節才有可能
得到重視，從而形成一種探求文學史發展脈絡的新思路。在不斷勾勒和重新
描述的過程中，許多具有價值的新課題和新線索就會呈現出來。所以，我們
必須祛除過去那種二元對立、非此即彼的簡單思維方式，代以一種更加理性
的態度和科學方法，來審視學術研究過程中的視角變遷。這也是中國現代文
學史研究走向成熟的必由之路。

　　筆者認爲，「民國文學史」的重要意義在於：第一，作爲一個具體明確的
概念稱謂，它指涉意義明晰，基本祛除了以前所謂「新文學」、「現代文學」、
「現代中國文學」、「二十世紀中國文學」等名稱的含混成分，釐清了在「民
國」這一特定時空條件下文學史發展的基本事實。與中國古代文學的斷代分
期相比，「民國文學」是「先秦文學」、「兩漢文學」、「魏晉南北朝文學」、「唐
宋文學」、「明清文學」發展的自然延續，這樣的文學史命名顯得更具明確性，
更加切合文學史發展的基本規律，沒有人爲地切斷文學史發展流變過程中的

〔註8〕　羅執廷：《民國文學及相關概念的學術論衡》，《蘭州學刊》2012年第6期。
〔註9〕　張桃洲：《意義與限度──作爲文學史視角的民國文學史》，《文藝爭鳴》2012
　　　　年第9期。

固有脈絡；第二，「民國文學史」概念的提出，有效地解決了所謂「新文學」和「舊文學」、「雅文學」和「俗文學」之間的兼容問題。比如，在民國時期，鴛鴦蝴蝶派等通俗小說、早期白話詩人的舊體詩詞，都是中國現代文學史發展過程中的一個有機組成部分。它們和雅文學、白話新詩創作之間的關係，就好像一隻飛鳥的兩個翅膀，只有它們的雙翼共同舞動，才能形成一種良好的飛行狀態。如果我們嚴格地在現代性的結構框架之中，尋求文學的現代化，狹隘地劃定文學史發展的界限，那麼，這些文學現象是沒有理由進入現代文學史的。但是，作為當今各高等學校中文系比較流行的現代文學史教材，錢理群、溫儒敏、吳福輝等人在《中國現代文學三十年》的修訂本中，就把原先沒有寫入的所謂的「通俗文學」和「臺灣文學」，都正式納入文學史教材。作為運用現代性結構框架來編纂現代文學史的典範，他們在修訂本前言中說：「現代文學就是用現代文學的語言和文學形式，表達現代中國人的思想、感情、心理的文學。」〔註 10〕倘若按照過去比較傳統狹隘的文學史觀，這些是有點自相矛盾的。我們可以看出，文學史的編纂和書寫是一個非常複雜的過程，中間必然要面臨許多矛盾和問題。正是在這個意義上，李怡說：「對於新文學敘述而言，真正嚴重的問題是，這一看似當然的命名其實根本無法改變概念本身的感性性質：所謂新，總是相對於舊而言的，而在不斷演進的歷史長河中，新與舊的比照卻從未有一個確定不移的標準。」〔註 11〕基於此，「民國文學史」概念的提出，可以說是及時而有效的，可以在中國現代文學史研究中發揮積極作用。

三、民國文學史編寫的可能性

中國現代文學史研究，一度淪為中國現代革命史的腳註。韋勒克、沃倫說：「大多數文學史是依據政治變化進行分期的。這樣文學就會被認為是完全由一個國家的政治或社會革命所決定的。如何分期的問題也就交給政治和社會史學家去做，他們的分期方法總是毫無疑問的被採用。」〔註 12〕社會政治等外在因素對文化、文學的制約十分明顯，中國現代文學史就曾受到時代政

〔註 10〕錢理群、溫儒敏、吳福輝：《中國現代文學三十年》，北京大學出版社 2008 年，第 3 頁。
〔註 11〕李怡：《中國現代文學的敘述範式》，《中國社會科學》2012 年第 2 期。
〔註 12〕韋勒克、沃倫：《文學理論》，劉象愚等譯，三聯書店 1984 年版，第 303 頁。

治因素的侵蝕，教訓深刻。但是，隨著社會文化環境日益開放，人們對民國歷史研究的逐漸深入，一些學者開始反思以前的研究路徑，發現以前的研究遮蔽了「民國」作爲中國歷史發展鏈條中重要一環的意義。但是當問題回到如何開始「民國文學」研究時，仍然不易措手，民國文學史的價值至今沒能充分呈現。可以說，當下民國文學史的理論框架依然處於一種探索和整合階段。爲此，筆者提出，「民國文學」的研究，不妨先把它轉化爲幾個具體問題，進而處理好它們之間的關係。

第一、處理好民國文學史編寫中作家主體和歷史語境之間的關係。在文學史編寫的過程中，不管是採用一種「新文學史」的編纂視角，還是運用一種「現代性」的結構框架，其中一個不可繞過的現實問題，就是怎樣描述作家和外部環境之間的複雜關係。作家的創作，不管他們是以再現的方式，抑或是以表現的方法，都無一例外地沾染上了鮮明的時代特色。在民國文學史編寫的過程中，我們要力主呈現一種作家獨特的「民國生命體驗」，此種體驗是和民國時期的政治體制、經濟形態、文化環境、文學制度等一系列因素分不開的。尤其是民國時期的文學制度直接影響了他們的創作，主要包括文學的生產方式、出版機構、審查制度、傳播途徑、接受路徑、反饋渠道等，都共同支配、控制、引導了當時文學觀念的產生，使文學超越了個人世界，也超越了純粹的文本形式和語言領域，進入了社會公共空間，成爲擁有強烈的社會意識和審美意識的文化對象。正是民國時期這一特殊文學體制的存在，有效地激發了作家強烈的創作欲望，點燃了他們的創作激情，從而使他們切實地體會到民國作爲一種民族國家形態，爲作家從事文學創作提供了一個有效的外在保障。也就是說，「在民國文學的編寫過程中，要重點挖掘民國在作家主體建構過程中的作用，以及民國如何參與了作家自身主體的建構，怎樣建構等問題；其次，作家又是怎樣對話、偏移、超越民國體驗，並最終形成特有的文學主體思考，也是編寫過程中需要注意的地方。」〔註13〕因此，我們只有用「還原」的方法努力回歸民國歷史本身，切實地置身於民國文學發生的歷史語境之中，用「民國眼光」來打量文學發展事實，才有可能和眞實的文學形態貼得更近更緊。

第二、正確處理好民國文學史編寫過程中各種文學現象相互兼容的問

<hr>

〔註13〕王學東：《民國文學的理論維度及其文學史編寫》，《中國現代文學研究叢刊》
　　　 2011 年第 4 期。

題。中國現代文學不僅僅是一部作家作品的構成史，更是一部文學思潮、文學流派、文學運動、文學論爭、文學社團的流變史，它們之間往往存在著相互交叉、相互生成的複雜關係。如何有效地整合和梳理這些矛盾叢生的文學現象，使它們能夠在民國文學史的敘述框架中尋找到自己的獨立位置，進而凸顯民國文學史的包容性特徵，也是一個非常重要的現實課題。以前的文學史命名方式，不易把所有複雜問題都加以解決。民國文學史結構框架的優勢就可能得以顯現。但是，「寫史並不只是收集歷史資料，更重要的是找尋各種歷史事件的意義模式，讓我們對整個題目和相關的事情達到更好的瞭解。」〔註14〕比如，通俗文學如何與新文學兼容？舊體詩詞如何與白話新詩共存？淪陷區文學和解放區文學怎樣勾連？這些都是亟待解決的現實問題，因為它們都直接影響著民國文學史書寫的進程。如果我們能夠合理化解此種矛盾，那麼，民國文學史編寫也就演變為一個容易操作的問題。實際上，部分學者的討論已經觸及到許多矛盾問題的實質。比如，湯溢澤、廖廣莉在《民國文學史研究》（1912～1949）的專著中，以民國文學史綱的形式對民國文學史的發展進行了詳細描述，大致梳理出了民國文學史的主要發展線索。這是民國文學史編寫過程中的一個大膽嘗試，值得我們現代文學研究界加以關注。

第三、正確處理好民國文學史編寫過程中當前和未來的關係。作為一種前沿性的文學史觀，民國文學史寫作過程中必須凸顯鮮明的學術個性。過去的「新文學史」、「現代中國文學史」、「中國現代文學史」、「二十世紀中國文學史」等，在當時的歷史條件下，發揮了各自的重要作用。但是，歷史是不斷進化發展的，許多觀念也必須緊跟時代發展才顯得更具合理性。針對中國現代文學史的書寫而言，我們必須站在新時代的高度，不斷地總結過去的經驗教訓，尋求一種文學史寫作的新路徑和新方法。正如日本著名學者伊藤虎丸所說；「書寫文學史的起點必須置於當下，尤其當置於對現在的不滿。歷史，不是從過去的『事實』中翻找出來的，而必須是在與『對現在的不滿』鬥爭中表現出來的。不是有了過去才有現在，而是有了現在才有過去。」〔註15〕可以說，我們今天所談的「民國文學史」概念，「雖然也包含某種性質判斷，但還不是具體研究，只是為了通過對研究對象的內涵和外延的共同確認，而獲得一種研究的共

〔註14〕孔怡慧：《重寫翻譯史・序言》，香港中文大學出版翻譯中心2005年版，第13頁。

〔註15〕伊藤虎丸：《魯迅、創造社與日本文學——中日近現代比較文學初探》，孫猛、徐江、李冬木譯，北京大學出版社2005年版，第5頁。

鳴。因此，命名也是現代中國文學研究過程中的一個前提。在這樣一種前提的確認之下，中國現代文學史的命名就應該從意義的概念返回到時間的概念上來。」〔註16〕一般而言，文學史著要想在短期之內不被現實社會淘汰，必須要有鮮明的文學史觀，顯示出個人治史的獨特路徑和方法，體現出當今學術界的最新研究成果。「民國文學史」之所以具有意義，一個重要原因就在於它順應了時代發展的潮流，具有一套合乎邏輯的意義結構系統，貼近民國時期的文學發展眞相。作爲一種研究視角，民國文學史已經顯示出自身的生命力，越來越得到學術界的認可。我們只有站在歷史發展的新高度，正確處理好民國時期各種錯綜複雜的關係，理清思路，勇於創新，不被歷史的迷霧所掩蓋，努力挖掘民國文學史的豐富資源，還原民國文學生成的歷史空間，才可能寫出一部具有學術分量的民國文學史著。

　　最後，需要澄清的一個大問題是，我們今天用「民國視角」代替「新文學視角」和「現代文學視角」等，絕對不是否定以前的「新文學」、「現代文學」的研究理路，從而過分美化「民國」作爲一種民族國家形態的現實意義，爲以前的中華民國的慘痛歷史樹碑立傳。我們必須釐清「民國歷史」和「民國文學史」是兩個不同層面的概念，雖然它們之間具有非常密切的內在聯繫，但明顯更具有相互區別的所在。民國社會充滿了諸多戰爭、罪惡和血腥，彙集了歷史前進過程中的許多沉渣和污穢。但是，我們也必須承認，「民國」是中國社會由近代向現代轉型過程中的重要一環，尤其是辛亥革命和五四新文化運動，對於中國現代社會的變革意義是不可估量的。否認民國時期的這些進步事件，就是一種歷史虛無主義態度。一句話，「民國文學」完全可以和「新文學」、「現代文學」、「二十世紀中國文學」等命名方式在相互借鑒、比照的過程中，共同把現代中國文學的研究引向深入。

（原載《蘭州學刊》2013年第2期）

〔註16〕張福貴：《從意義概念返回到時間概念》，《文學世紀》2003年第4期。

小說稿費制與清末民初的文學變革〔註1〕

　　中國文學的現代化轉型始自「五四」，但無疑又是以近代中國文學的變革爲歷史前提的。在始於 20 世紀初的這一文學變革中，小說稿費制起了不可忽視的作用，即它用貨幣標示精神產品的交換價值，使藝術創作成爲一種商品生產和商品交換活動，由此深刻地影響了清末民初文學的變革，使之成爲中國文學現代化的先聲。

一、小說稿費制在清末民初的確立

　　現代報刊雜誌的興盛、繁榮是與商業都市的發展緊密相關的。在中國近代城市化的過程中，所有有影響的報刊幾乎都創辦於上海、廣州、天津、北京、香港等大都市，比如《申報》（1872，上海）、《羊城採新實錄》（1872，廣州）、《循環日報》（1874，香港）、《彙報》（1874，上海）、《述報》（1874，上海）、《字林滬報》（1882，上海）、《新聞報》（1893，上海）等，可以說無一例外。這是因爲報刊雜誌一方面對應著城市世俗化、物質化的生活內容，另一方面則表現著城市商業性、功利性的精神實質與原則。較之傳統的文本載體，報刊雜誌靈活多變，面對特殊經濟條件下多樣、動蕩的生活形態，散發著濃厚的都市氣息與商品意味。

　　中國近代報刊雜誌一開始就表現出了商業性的特點，比如報人不斷地改進版面和擴充業務，以增加刊物的銷量。隨著刊物的增多，刊物間的競爭日趨激烈，加上報刊定期、定時出版，稿件的供應開始緊張。於是，報人不約而同地將目光盯上了文學作品，尤其是小說。不僅普通報刊，如《清議報》、

〔註1〕　本文與左敏合作。

《新民從報》、《浙江潮》、《女子世界》、《東方雜誌》、《揚子江白話報》、《民報》等開始刊載小說，而且還出現了文藝副刊和專門的小說雜誌。很顯然，小說以其可讀性、審美性吸引著在城市化過程中人數不斷增加的市民讀者，擴大了報刊的銷量，產生了直接的經濟效益。小說也通過報刊這種通俗化、平民化的大眾傳媒成了近代文學的重要樣式。在這種背景下，小說稿酬制應運而生。

最早關於稿酬的史料見於《申報》的創刊號（1872 年）。該號的《本館條例》規定：「如有騷人韻士願以短什長篇惠教者，如天下各名區竹枝詞及長歌之類，概不取值。」〔註 2〕這是第一個關於稿酬的公開的社會契約，表明早期《申報》刊登的文學作品實際上並沒有稿費，只是免費發表，稱得上是「無酬之酬」。《新小說》在創刊號（1902）上刊登的《本社徵文啓示》則第一次明確制定了稿酬標準：稿酬分爲自著和翻譯兩類，自著小說又分爲甲乙丙丁四類，稿酬依等第每千字酬金四元、三元、兩元、一元五角。譯本則分爲甲乙丙三等，稿酬依等第每千字酬金二元五角、一元六角、一元二角。一般詩文（包括雜記、笑話、遊戲文章、雜歌謠、燈謎、酒令及楹聯）不付稿酬〔註 3〕。《新小說》雜誌開了寫小說給付稿酬的先河。此後，各小說雜誌紛紛傚仿，《小說林》在第一期（1907）「募集小說」的啓事中寫道：「本社募集各種著譯……入選者，分別等差，潤筆從豐致送：甲等每千字五元、乙等每千字三元、丙等每千字二元。」〔註 4〕《月月小說》在第二年第三期（1908）以編譯部名義發出了一則徵文廣告：「本報除同人譯著外，仍廣收海內外名家。如有思想新奇之短篇說部，願交本社刊行者，本社當報以相當之利益。本報注重撰述，……已經入選，潤資從豐。」〔註 5〕

早期的稿酬，標準並不統一，一般千字 2～4 元。作者的知名度與作品的暢銷度是付酬所參照的兩個基本條件。嚴復與林紓的稿費頗高，爲每千字六元，而其他作家的稿費略低，向愷然的第一本小說《留東外史》就只賣得每

〔註 2〕　轉引自陳平原：《二十世紀中國小說史》第 1 卷，北京大學出版社 1992 年版，第 92 頁。

〔註 3〕　轉引自劉德隆：《晚清小說繁榮的兩個重要條件》，〔日本〕《清末小說》13 號，1990 年 12 月。

〔註 4〕　陳平原、夏曉虹編：《二十世紀中國小說理論資料》第 1 卷，北京大學出版社 1989 年版，第 237 頁。

〔註 5〕　陳平原、夏曉虹編：《二十世紀中國小說理論資料》第 1 卷，北京大學出版社 1989 年版，第 323 頁。

千字五角的價格。據周作人回憶：「平常西文譯稿只能得到兩塊錢一千字，而且這是實數，所有的標點空白都要除外計算。這種標準維持到民國十年以後，一直沒有什麼改變。」〔註6〕

　　除了上述貨幣稿酬和申報館的「作價購稿」（買斷版權）〔註7〕外，還有版稅稿酬。1901年，東亞益智譯書局在上海《同文滬報》刊登廣告向社會徵求翻譯的名著，許諾「譯書之出……當酌送潤筆之資或提每部二成相酬」。所謂「每部二成」，便是版稅制稿酬。綜上所述，從20世紀初開始，中國的稿酬制度就逐步與國際社會接軌。近代著名的小說雜誌《小說時報》（1909）、《小說日報》（1910）、《中華小說界》（1914）、《小說叢報》（1914）、《小說海》（1915）等均規定了稿酬。到了民初，絕大多數報刊和書局都爲小說付稿酬，小說稿酬制得到了廣泛實行。

二、稿費制促進了清末民初職業作家群的形成

　　職業作家群的出現，是文學現代化的根本動力。中國第一批職業作家大都是報人、小說家，出現於19世紀90年代中期之後，其代表人物有李伯元、吳趼人、韓邦慶、孫玉聲、高太癡等。他們一般是以稿費或固定職業收入作爲主要生活來源的，而且其稿費收入與編輯的收入常常無法截然分開。如李伯元寫小說，但同時在上海創辦《指南報》、《遊戲報》、《海上文社報》、《世界繁華報》等，被人稱爲「小說報界之鼻祖」〔註8〕。

　　一般地說，中國早期報人、小說傢具有深厚的傳統文化素養，思想新銳，身兼報人與小說家雙重身份，更能眞切地體會到市場的力量。他們走上辦報和文學創作之路，大多也是爲書報市場的魅力所吸引。自1906年廢科舉以後，士子們的仕途斷絕。文化人除了舞文弄墨，沒有別的技能，看到寫小說有稿酬，於是紛紛轉向小說創作或做報紙編輯，像包天笑那樣「把考院博取膏火的觀念改爲投稿譯書」的爲數不少。最有代表性的是鴛鴦蝴蝶派小說家，他們大多出身於報人，較之第一批職業作家，其文學商品意識表現得更爲強烈。從民國初年到30年代，鴛鴦蝴蝶派主辦、編輯的報刊達113種，掌握的副刊有50多種。在上海，由他們主辦的刊物就達34種，《申報》、《新

〔註6〕　周作人：《周作人回憶錄》，湖南人民出版社1982年版，第45頁。
〔註7〕　申報館在1878年刊出的《搜書》啓事中有「作價購稿」的規定。
〔註8〕　孫玉聲：《退醒廬筆記・李伯元》，上海圖書館1925年版，第82頁。

聞報》、《時報》的副刊（1911年後）都是由鴛鴦蝴蝶派作者主持，《民權報》成為鴛鴦蝴蝶的大本營，《小說日報》（1909）、《小說時報》（1909）、《小說叢報》（1913）、《禮拜六》（1914）、《小說海》（1914）、《小說新報》（1915）、《小說大觀》（1915）、《小說畫報》（1917）成為他們的主要刊物。依託這些刊物，包天笑、周瘦鵑、王純根、李定夷、徐枕亞、吳雙熱、天虛我生等成了著名的職業作家。

清末民初，職業作家在經濟上的獨立，對於他們擺脫人身依附意識、建構現代性的獨立人格具有至關重要的意義。中國古代的文人士大夫長期附附於官場政治，達官權貴是他們的「衣食父母」，經濟上沒有半點自主性，為五斗米折腰不在少數。近代職業作家通過稿費制度將精神產品直接地轉化為貨幣，獲得了獨立的生活來源，人生道路的選擇也就更為自由。他們大多淡化了政治意識，由政教依附者變為獨立的知識分子。如吳趼人在《李伯元傳》中記道：「光緒辛丑朝廷開特科，徵經濟之士，湘鄉曾慕濤侍郎以君薦，君謝曰：使余而欲仕，不及今日矣。辭不赴。」〔註9〕1916年，林紓被袁世凱政府聘請為高級顧問，林拒絕道：「將吾頭去，吾足不能履中華門也。」〔註10〕

由於傳統觀念的制約，中國早期職業作家獨立身份的獲得當然也不是一帆風順的，一般表現出作為歷史中間物的過渡性特徵。他們既不同於在思想上受到重重禁錮的古代文人，也不同於主體意識已經蘇醒的「五四」知識分子。尤其是在廢科舉之前，許多人投身於報界或文學界，對於以稿費養家糊口的生活方式並未從心底裏完全認同，更多地是看做一種權宜之計，因而常表現出矛盾動搖的態度。比如曾任《申報》主筆的蔣芷湘在得中進士後，便馬上辭去報館工作，回歸士大夫行列。他們一方面獲得了人身獨立，另一方面又很難確定自己在社會中的位置。他們逐漸從封建的關係和義務中解脫出來，調整了自我形象，漸漸改變了對官方和正統的向心傾斜而轉向滿足大眾的文化生活的需要，也漸漸擺脫了官、紳、士的身份，轉而以商業社會中的雇傭者或市民身份從事各種各樣的文化活動。然而他們仍然不能從根本上擺脫傳統文人的價值觀。這種半新半舊或既新又舊的意識，顯示出他們作為文學主體在追求觀念的「現代性」方面的不徹底性，同時也阻礙了這一時期文學內在精神的現代性轉化。

〔註9〕 吳趼人：《李伯元傳》，《月月小說》1卷3號，1906年。
〔註10〕張俊才：《林紓年譜簡編》，《林紓研究資料》，福建人民出版社1983年版，第413頁。

三、稿費制推動了清末民初小說的繁榮和形式的變革

在中國，小說一向被視為閒書，一般的士大夫都不屑於讀。雖然它在民間流行，但由於缺少文人學者的廣泛支持，其影響力是隱性的、有限的。到了 19 世紀末 20 世紀初，情況才有了改觀。這時，由於職業作家的加入，小說作為一種主流文學樣式在不同社會階層影響日進，開始擁有了廣大的市場。康有為 19 世紀末在考察上海圖書業後曾寫道：「吾問上海點石者曰：『何書宜售也？』曰：『書經不如八股，八股不如小說。』宋開此體，通於俚俗，故天下讀小說者最多也。」〔註11〕可見當時圖書市場中小說地位的舉足輕重。

阿英在《晚清小說史》中曾把晚清小說的崛起歸因於三個方面：一是印刷與新聞產業的發達，二是知識階層思想上的覺醒，三是清廷的腐敗，促使人們用小說做武器來提倡維新與革命。這些分析都具有合理性，然而不能因此掩蓋稿費制在其中所起的作用。稿費制最重要的影響是確認稿酬為一種正當的經濟收入，使職業小說家從事創作變得名正言順，獲得了道德上的合法性。它所體現的經濟利益也誘使作家們迅速擺脫鄙視小說的心態，走出「小說是小道」的心理陰影。美國學者李歐梵說：「在 1917 年『文學革命』之前至少 20 年，都市文學刊物——『民眾文學』的一種半現代的形式——已經為日後從事新文學運動的人們建立市場和讀者群。這些雜誌的編輯和作者如癡如狂地撰寫文章，大筆大筆地賺取稿酬。」〔註12〕作家心態的這種變化與市民讀者對小說的日益擴大的需求結合在一起，客觀上提高了小說的文體地位。清末民初小說空前繁榮，就與此有關。據不完全統計，1902 到 1907 年這 5 年中出現過 29 種以小說命名的雜誌；1902 至 1910 年間，商務印書館出版的圖書有 865 種，其中文學類占 220 種 639 冊；1911 至 1920 年間商務出版的圖書有 2659 種 7087 冊，其中文學類占 626 種 1755 冊〔註13〕。這種盛極一時的狀況，正是建立在上述社會心理變化的基礎上的。

小說的繁榮意味著文化產品開始作為「商品」走向社會，這在一定程度上為從經學體系中游離出來的知識分子提供了一種公共的文學空間，從而改變了傳統知識分子單一依靠政治標準衡量人生價值的思想模式和生活方式。

〔註11〕陳平原、夏曉虹編：《二十世紀中國小說理論資料》第 1 卷，北京大學出版社 1989 年版，第 12 頁。

〔註12〕《劍橋中華民國史》第一部，上海人民出版社 1991 年版，第 484 頁。

〔註13〕李澤彰：《三十五年來中國之出版業》，《中國現代出版史料丁編》下卷，中華書局 1959 年版，第 381 頁。

同時，它也促進了清末民初小說的形式變革。由於要在報刊上連載，傳統小說結構上的整體性與嚴密性開始被報刊連載小說所打破。隨寫隨刊、定期而連續的出版方式使作家們必須注重每一個單元中故事的相對完整性；同時必須時時製造懸念，以強化讀者的閱讀期待，讓他們保持持續的閱讀熱情。因此，整體結構鬆散，每一單元故事情節相對集中，成了這些小說的重要形式特徵，相應地出現了「珠花式」、「集錦式」等能夠適應報刊特點的各種結構模式。同時，在這些小說中，說書人的腔調在逐步削弱，敘事角度、敘事人稱開始多樣化。中國傳統小說的敘事角度受話本的影響，是全知型的，敘述者像全能的上帝一樣居高臨下審視一切。其優點是反映的生活面廣，缺點是敘述的隨意性強，真實性較差。清末民初的小說家注重選取社會新聞作為中心情節，題材往往具有現時性與新聞性。比如《春明外史》連載的時候，讀者就曾把它當作新聞版外的「新聞」來讀。為與這種報刊所追求的新聞性、真實性特點相稱，第一人稱的敘事角度很快就為小說家們所廣泛使用。這種敘事角度、敘事結構和敘事模式顯然包含著現代性的因素，為小說形式在稍後的「五四」時期發生重大的變革積累了寶貴的經驗。

四、稿費制提升了清末民初小說的娛樂功能

小說通過稿費製成為商品流通領域的特殊商品。既然是商品，市場的需要和消費者的愛好成了考量的重要因素。因而這一時期的小說題材範圍相當廣闊，主要是表現廣大民眾的政治願望、情感要求、生活期盼和道德訴求。讀者的需求給文學帶來活力。職業作家為了取悅讀者，在題材上不斷地花樣翻新，舉凡時人感興趣的官界、商界、學界、妓界等「話柄」都成了小說家們留戀的素材，各種新奇的軼聞引入小說。小說創作花樣翻新，熱鬧非凡。當然，在熱鬧的背後也存在危機。職業作家以讀者為「衣食父母」，按照讀者的趣味大量製造小說，許多作品情節模式單一，人物面貌往往大同小異，缺乏獨創性與開拓性。只要哪一種題材受到讀者的歡迎，馬上就會一闖而上，大量複製，造成了媚俗的潮流。清末民初的小說整體水平不高，一個重要原因就是小說家們趨時媚俗的創作態度。

不過這種追隨市場行情的態度也意味著文學的功能正在發生重要變化。在新小說興起之初，梁啓超等人主要是借小說來改良群治，使國富民強。與此相應，他們將小說的受眾視為需要啓蒙的下層愚民，所謂「醒齊民之耳目，

勵眾庶之心志」，其目的就是爲了教育下層民眾。但隨著稿費制的深入人心，加之中國第一批職業作家多是辦小報出身，如吳趼人、李伯元、歐陽巨源等，他們所辦報紙大都面向讀者，以贏利爲目的，所以對文學功能的理解已經與梁啓超等人大相徑庭。吳趼人宣稱：「不治功令文，不治經生家言」〔註14〕，林紓也曾說自己「屛居窮巷，日以賣文爲生」〔註15〕。他們主動改變小說創作的目的，使小說增強了審美娛樂的功能。這方面走得更遠的是鴛鴦蝴蝶派作家。這些作家以大都市生活爲依託，強調小說的「娛樂」、「消遣」性，使遠離政治的都市消費與市民趣味成爲小說關注的中心，像徐枕亞主編的《小說叢報》在發刊詞中所寫的：「原夫小說者，非優下技，難捨經世文章，茶酒拿閒，只供清談資料」〔註16〕。民初小說重消閒，拋棄了早期新小說的啓蒙意識，認同於一般市民的思想和趣味。「五四」作家認爲這有悖於新文學的「健康」與「尊嚴」，對它提出了嚴正的批評，說：「讀者卻正以消遣暇暑而才讀文學，作者正以取得金錢之故，而才去著作娛樂的文學」〔註17〕。但從整個文學史的角度觀照，這時期的文學不再僅僅是統治集團意識形態的附屬品，相當程度上具備了獨立地表現社會人生的品格，不能不說是一次歷史性的進步，也是後來「五四」文學進一步獲得現代性品格的一個重要的歷史前提。

不過也應該清醒地看到，由於受作者和讀者兩方面思想水平、藝術修養的制約，這一時期小說創作總體上仍處於過渡性的階段。一方面已初步展開了現代性的敘述，無論狹邪、公案、譴責、科幻，均「已預告了20世紀中國『正宗』現代文學的四個方向：對欲望、正義、價值、知識範疇的批判性思考，以及對如何敘述欲望、正義、價值、知識的形式性琢磨」〔註18〕。民初盛行的鴛鴦蝴蝶派小說中的商品經濟意識、戀愛自由意識、人格平等意識、私人空間意識，都是「五四」文學革命以來現代文學所追求的「現代性」內容。但是另一面，與精神上直接追求人道、自由、科學、民主的「五四」文學相比，它又不可避免地流露出明顯的舊習氣。以徐枕亞的《玉梨魂》爲例，

〔註14〕 李葭榮：《我佛山人傳》，《吳趼人研究資料》，上海古籍出版社1980年版，第12～13頁。

〔註15〕 林紓：《踐卓翁小說・自序》，北京都門印刷局1913年版。

〔註16〕 徐枕亞：《〈小說叢報〉發刊詞》，《小說叢報》第1期，1914年。

〔註17〕 西締：《新文學觀的建設》，《文學旬刊》38號，1922年。

〔註18〕 王德威：《被壓抑的現代性：沒有晚清，何來五四》，《學人》第十輯，江蘇文藝出版社1996年版，第233頁。

這部小說典型地表現出了對傳統婚姻模式的矛盾態度。一方面它揭示了婦女「從一而終」的貞潔觀戕殺人性的事實，表現出了對「父母之命，媒妁之言」的婚姻制度的強烈不滿。但另一方面，作者明知傳統的婚姻模式「不合情理」，卻絕不願他的主人公邁過封建主義的門檻。儘管男女主人公感情熾熱，但他們都嚴格地遵守著「禮」和「義」，不過通通信，作作詩而已，有埋怨卻絕無反抗。對他們的不幸，作者給予了同情，對他們恪守禮義的態度，作者又給予了更高的讚揚，甚至勸告讀者不要爲情所累。所以，儘管民初的言情小說已經開掘了靈魂的痛苦，包含著現代性的因素，但與「五四」婚戀題材小說表現新觀念的大膽、眞切相比，簡直不可同日而語。

稿費制導致精神產品的生產在清末民初確確實實成爲一種賺錢的手段，釋放出市場語境下藝術生產的巨大能量，促使文學形式和內容逐步發生現代性變異。這使清末民初小說得以區別於此前的傳統小說，在某種意義上成了新文學歷史的一個前奏。後期新小說家爲了牟利將小說變成消遣、娛樂的工具，走到了極端，「五四」作家爲了表明他們對這一傾向的批判態度，曾經一度主張取消稿費制。但是稍後他們又一致要求保障稿酬，這也再一次說明稿酬是促使文學不斷髮展的重要動力，與文學的健康和尊嚴並不相悖。

（原載《西南師範大學學報》2003 年第 5 期）

現代浙江作家群的崛起

一、浙江現代作家群的特點

　　新文學史上，浙江出了不少有成就的作家。特別是五四時期，浙江作家的人數和影響，堪稱全國之冠。瀏覽 1921 年文學社團大量湧現前出版的《新青年》、《新潮》、《晨報副刊》、《時事新報・學燈》、《星期評論》等報刊，發表作品或倡導新文學頗有影響者約三十位。徽籍胡適、陳獨秀，福建冰心、許地山、鄭振鐸，陝西鄭伯奇，河北李大釗，江蘇劉半農、葉紹鈞、宗白華、郭紹虞、洪爲法，湖南歐陽予倩、田漢，四川郭若沫、康白情，山東楊振聲、傅斯年，而浙江獨佔十餘人：魯迅、周作人、劉大白、郁達夫、沈玄廬、沈雁冰、孫伏園、應修人，還有長於外地但原籍浙江的錢玄同、俞平伯、朱自清、沈伊默，總數約爲當時有影響的新派作家三分之一強。這些先驅者在新文學的不同領域，盡蓽路藍縷之功，或竟爲一代宗師。因此，若把五四文學比作一個星空，可以說，沒有浙江籍作家竟相輝映，它將失去燦爛的景觀。如果把新文學比作一條歷史長河，則沒有浙江籍作家的推波助瀾，就不會有摧枯拉朽的巨大氣勢。稍後，純文學社團大量湧現，先驅者大多成了新社團的核心，直至大革命時期，浙江籍作家紛紛登上文壇，其氣勢也毫不讓人。被收進《新文學大系》（1917～1927）的，就有徐志摩、王以仁、魯彥、方光煮、豐子愷、許傑、王任叔、潘漠華、馮雪鋒、孫福熙、川島、許欽文、徐雛、魏金枝、樓適夷，他們共同點綴了日益繁榮的新文藝園地。

　　我把這些作家當作一個群體考察，著眼點主要在於它所包含的地域文化意義，而不是通常所理解的文學流派特徵。因爲他們風格各異，思想傾向、

文學主張也不盡相同，分屬於不同的社團流派。他們所以能被看作一個群體，主要因爲其跟浙江的鄉土保持著親緣的聯繫，各人的文學道路和創作個性形成或多或少能從地域文化的角度得到說明。反之，在中國由封建時代向現代過渡的重要時期，一個不大的區域在短短幾年裏爲新文學陣營輸送了這麼多出眾的人才，作爲一種文化現象，也是值得研究的。

作爲一個作家群體，我以爲浙江作家群至少有下述特點首先必須注意：

1、它以浙江鄉土爲孕育地而向全國各大經濟文化中心輻射。現代浙江作家一般都是在家鄉接受初級教育，到外地與文學結緣，最後在北京、上海成爲著名作家。這使他們的創作都具有濃鬱的鄉土氣息，又有大都市的現代色彩。魯迅小說以現代人的眼光審視保守落後的浙東鄉村，在具體描寫中深刻地揭示了現代中國的社會問題。郁達夫小說抒寫了現代人熱愛祖國、要求個性解放的主題，從中融進了家鄉富春江一帶的秀麗景色和憂鬱的鄉情，都是很好的例證。

2、它的分佈相對集中，主要在紹興、杭嘉湖、寧波、金華義烏等地。紹興除了魯迅、周作人，還有劉大白、孫伏園、孫福熙、川島、許欽文、柯靈等。杭嘉湖爲俞平伯、沈雁冰、郁達夫、沈玄廬、豐子愷、徐志摩。寧波一帶有應修人、魯彥、王以仁、許傑、王任叔、殷夫、樓適夷。金華義烏是馮雪峰、方光燾等。其中紹興的幾位最早參與新文化運動和文學革命的倡導，接著其他地方新人輩出，顯出了雄厚的創作實力。

3、作家的創作個性帶有明顯的地域文化烙印。用魯迅評價馮雪峰的話來說，浙東作家比較「直率」。孫伏園爲了《京報》主編抽去魯迅的新詩而憤然辭職，從小生長在揚州，與故鄉紹興只有一層親緣關係的朱自清寧可挨餓也不領美國救濟麵粉，都是浙東人直率脾氣的生動體現。魯迅本人就是「直率」的典範。與此相應，他們對人生持嚴謹的理性的態度，因而創作風格總體上偏於冷靜寫實。浙西作家，俞平伯、郁達夫、徐志摩，則更多地追求個性自由，所以創作富有浪漫情調。郁達夫風格的浪漫主義特色眾所周知，俞平伯雖然加人文學研究會，但也讚頌過浪漫主義，認爲「說文學是一種表現何嘗錯了」﹝註1﹞。他的詩文筆調輕鬆，喜好遐想，確實有點浪漫情味。稍後的徐志摩寫愛情、談自由、講人道，詩如其人，飄逸瀟灑，與現實主義相去較遠，而與浪漫主義較爲相近。當然也有例外，如茅盾生長於浙西，卻一向堅持嚴

﹝註1﹞ 俞平伯：《〈草兒〉序》，亞東圖書館 1922 年版。

謹的寫實主義，錢玄同是浙西吳興人，他反封建的激烈態度包含著強烈的理性精神。但這恰恰說明了在某些差異之上，浙東浙西作家又具有現代的共性，他們首先是受到時代的影響，無論魯迅對禮教的深刻批判，還是郁達夫對禮教的大膽叛逆，其徹底反封建的時代傾向是完全一致的。

二、浙江現代作家的成才途徑

　　封建時代的知識分子要得到社會承認，捷徑便是中舉，而且最後一般是以官位高低論成就大小的。二十世紀初，廢科舉，興學校，知識分子的人生選擇趨向多樣化。歷來被正統文人瞧不起的小說家流居然也能憑薄薄的一本書躋身上流社會，贏得不朽的盛名，這就誘使許多人走上了文學探險之路。當然各人所走的路是不一樣的，浙江現代作家的成才之路就有下列幾種：

　　1、魯迅、周作人、錢玄同以及稍後的郁達夫一類。這批人少時受舊式教學，青年時代東渡日本留學。他們在國外受到西方思潮的猛烈衝擊，接受了民主、自由、平等的觀點，以此反觀辛亥革命前後國內的政治現狀，倍覺「實業救國」、「科學救國」等論調的迂腐，因而紛紛放棄所學專業，尋找新的報國途徑。這時有兩種因素影響到他們的選擇，一是從小打下的文學基礎，二是某種使命感或自發的反封建激情。魯迅是由於受到「幻燈片事件」的刺激，才棄醫從文的。棄醫從文包含了他的救國救民的使命感，但之所以選擇文學作為武器，明顯地與他早年的舊學根底以及他從中領悟到文學有「移人性」的社會功能密切相關，他說：「第一要著，是在改變他們的精神，而善於改變精神的是，我那時以為當然要推文藝，於是想提倡文藝運動了」。〔註2〕周作人、錢玄同所抱使命感與魯迅不盡相同，後來的發展也相去甚遠，但他們受小時候興趣的引導，出於改變中國現狀的目的，投身於文學革命運動則與魯迅有相通之處。郁達夫又稍為不同，他從小頗有才情，到日本後又在興趣驅使下讀了大量外國文學作品，對文學達到了傾心的程度。他在時代精神影響下，在充分體驗了個人矛盾、苦悶、幻滅的心情以後，急於借早已諳熟的文學手段來傾訴心中的傷感而自然地跟文學沾邊的。總的看，這些人是半途從文，但由於功底深厚，又是中國最先與封建傳統決裂的一群，因而從文後表現出很徹底的叛逆精神，並且取得了開創性的文學成就。若問中國新文學史上反封建最艱難而又最勇敢者是誰？就是這一群。作為新文學的先驅，他們

〔註2〕　魯迅：《吶喊·自序》，人民文學出版社1981年版。

的選擇是冒風險的，但又十分幸運，獲得了成功，原因顯然在於他們充分利用了時代提供的一切有利條件。當時中國正在經歷一場巨大的歷史變動，時代呼喚反封建，而經過維新派文學改良運動，傳統的以詩文為正宗的文學觀念已喪失了優勢，小說的地位空前提高，詩歌趨向口語化，新式刊物陸續出現，新的讀者隊伍逐漸形成、壯大，這使借助新文學來從事思想啓蒙或進行自我表現有了較為堅實的群眾基礎，從而在客觀上幫助了他們，而他們又以自己的成功掀起了一場意義和影響都十分深遠的文學革命，翻開了中國新文學的第一頁。

2、朱自清、俞平伯，包括孫伏園、川島等。他們較早受惠於新式教學，後又進大學文科深造，畢業後教書、編報，一面從事創作，稱得上科班出身的文學家。這批人家境小康，個人經歷比較平坦。由於在清王朝崩潰時年齡還小，與革命黨人的思想比較隔膜，因而缺乏魯迅那一輩人苦苦尋求救國救民之路的氣度，又沒能留學國外沐浴歐風美雨，因而也不具備同輩人郁達夫那種徹底的自由解放精神，在國內文藝界創導一種新的潮流。他們從新式學校裏獲得自然科學知識和西方科學民主思想，經新文化運動的洗禮，萌生出反封建的嫩芽，由此投人文學革命，很快成為旗手們的得力干將。但他們少些叛逆精神，多了點溫柔敦厚之氣，其功績主要不在於開一代風氣，而是用優美的文筆抒寫個人的願望、追求和失望時的惆悵心情，為後世留下了許多精巧的美文。

3、是許傑、王任叔、柔石、馮雪峰、潘漠華等一類。這些人家境平平，小學初中畢業後，只能進免費的師範學校，然後到中小學任教，業餘給上海、北京的報刊雜誌寫稿，漸露頭角，成為二十年代中期一支重要的文學新軍。他們是直接受到五四思想啓蒙運動和文學革命的影響才走上文壇的，又因來自農村下層，比較接近和熟悉貧苦農民，所以題材比第二類作家開闊，一般又不寫自我的苦悶，而是以現實主義筆觸展現中國鄉村民眾的艱辛生活，具有濃鬱的鄉土氣息。這種經濟地位和主要由此決定的同情貧苦者的感情，是他們後來不少人，如王任叔、馮雪峰、播漠華、柔石等先後走上革命道路的內在依據。

4、應修如、魯彥，包括樓適夷和稍後的柯靈等人一類。他們或因父輩經商，小學畢業、粗通文墨後，便到上海學生意，或因出身貧寒，讀到小學就輟學謀生（柯靈），他們走的是發奮努力、自學成才之路。由於來自下層，在

中國共產黨的影響下，他們中後來也有人投身革命。

　　5、以茅盾爲代表，包括後起的殷夫、邵荃麟所走的路。他們文學道路的起點幾乎就是革命道路的起點，他們是出於社會革命的需要才來搞文學創作或從事文藝運動的，因而其文學活動一開始就是顯示了強烈的革命傾向。這些人，除了犧牲的，後來都成了新中國文藝工作的重要領導人。

　　上述五種人通向文學的成才之路，從全國範圍來看，很有代表性，而浙江包括得比較全面。這說明浙江一帶的人文環境十分有利於青年知識分子經由不同途徑走進文學殿堂。

三、浙江現代作家群崛起的原因

　　新文學第一個十年，浙江作家群赫然崛起於文壇，原因值得深思。

　　這一時期的作家，他們的成長和接受教學大多是在晚清末年，那時的社會情形和傳統影響對於他們後來的發展是至關重要的。當時全國內優外患，政治黑暗，經濟文化落後，社會處於劇變前夕的動盪之中，但由於地區間的不平衡，有的地方相對安定，文化經濟水平較高，有的則非常閉塞落後。在這樣總的背景下，現代作家的成長，除了受全國共同的時代條件制約外，一般還與當地社會的三個因素密切相關，一是文化發達程度，二是對外交流的狀況，三是經濟發展的水平。

　　文化越發達，教學越普及，該地文化人就越多，反之則少，這是規律。安徽近代文風頗盛，出了胡適、陳獨秀，兩湖近代教育發達，出了歐陽予倩，田漢，其間是有某種因果聯繫的，此其一。

　　但是現代文學徹底反封建的性質，決定了它不可能直接從桐城古文和兩湖書院中產生。要成爲現代作家，首先要具備現代意識，要得到出版發行的便利，因而他們必須憑藉歷史地形成約各種對外交流的渠道，離開鄉土，到現代政治、經濟、文化中心的北京、上海等地去，或者出洋留學，以接受新思潮的洗禮，獲得現代出版業的支持。這些必要條件在鄉村是不具備的，在一般的城市也不具備。五四時期及稍後的新文學家走的幾乎都是這樣一條道路。可見能否離開鄉土赴北京、上海或者留學國外，是新文學家成長的主要條件，此其二。文化發達、對外交往較頻繁，基礎是經濟的發展。一個地區歷史上文化和對外交流的發達程度，總是決定於經濟實力和商業活動的規模。但現代作家成長所憑藉的當地經濟狀況是有條件的。歷史上經濟長期落

後當然不利於培養文學家，但經濟過分商品化也不行。五四時期真正出身於上海、北京的作家並不多。因為北京作為全國政治中心，有利於政治人才的成長，上海近代商品經濟繁榮，富家子弟熱衷於實業，哪有閒心來舞文弄墨。此時江蘇出了不少文學人才。但由於近代蘇州商品經濟發育比較充分，普通百姓市民意識很濃，因而清末民初彙集於上海的鴛鴦蝴蝶派作家大多來自那裡，它的陣營和聲勢反而大大超過同樣來自蘇州的新文學家，此其三。

相比較而言，浙江上述三方面的因素都是有利於現代作家成長的。特分述於下：1、文化方面的優勢。歷史上，浙江文化獲得重大發展是在東晉和南宋。兩次南渡，把中原文明全面帶到了江南，特別是南宋建都臨安（杭州），這裡成了全國的政治文化中心，極大地推動了浙江文化的發展。此後，浙江文化就一直居全國之先，有三方面事例為證：一是藏書業的發達。藏書為文化之物質基礎，浙江藏書業始於南北朝，至南宋極盛，居全國之首。明代寧波天一閣、嘉興天籟閣，為私人藏書之魁。清代四大藏書家，浙江有陸心源皕宋樓、丁丙的八千卷樓稱雄江南。乾隆開四庫館，向全國徵書，各行省進獻的也以浙江為最多。二是學術的發達。作為文化發達標誌的各派學術，自南宋始，未有不到浙江者。如南宋的浙學，包括以呂祖謙為代表的婺學，陳亮為代表的永康之學，葉適為代表的永嘉之學，影響及於全國，當時顯赫的朱學和陸學在浙江也頗有聲勢。明中葉王陽明崛起於餘姚，成為一代宗師。清初的浙東史學派又稱雄宇內。三是文學人才大量湧現。有人據《宋史》、《明史》、《清史稿》人物列傳作過統計，宋、明、清三代，浙江的詞人、學者、進士人數都居全國之首。〔註3〕元代文學以雜劇為代表，據《錄鬼簿》記載，102 名曲家中，浙江占 24 人，又「元文人以詞名者趙子昂、貫去石、楊廉夫皆浙西人也。元詞手中與中原抗衡者，惟越而已。」〔註4〕這些都反映了東晉以來全國文化中心南移的趨勢。

發達的文化養成了民間苦心向學的社會風氣。有宋來，浙江人才輩出，至清末，科舉雖廢，民間子弟進學校的風氣仍然很盛。據黃炎培 1919 年所作統計，民國元年至四年各省在校學生數，前五名如下表〔註5〕：

〔註3〕 徐吉軍：《論浙江歷代人才的演變及其原因》，《浙江學刊》1990 年第 6 期。
〔註4〕 胡應麟：《少室山房筆叢》卷四一，上海書店出版社 2001 年版。
〔註5〕 數據取自黃炎培撰《讀中華民國最近教育統計》，舒新城編《中國近代教育史資料》上冊，人民教育出版社 1981 年版。

地區＼年份	元	二	三	四	總　計
四川	341197	429231	474015	502968	1747411
直隸	278600	324571	383648	478862	1465681
浙江	273373	298071	307440	332240	1211124
山東	118376	246857	328683	390615	1084531
江蘇	236351	241384	270248	305766	1053749

　　可知四年裏，四川和直隸一直領先，後兩年山東占第三位，浙江則前兩年名列第三，後兩年第四。但是四川人口多浙江數倍，直隸、山東人口也居浙江之前。如果按一定人口所含學生數比較，浙江無疑處於全國相當領先的地位。當然這只是反映基礎教學的水平，那時高等學校都集中在幾個大城市，在那裡就讀的浙江籍學生就不計在此數內。浙江歷史上發達的文化和清末民初這種盛行的讀書風氣，無疑為現代作家的成長提供了肥沃的土壤。雖然他們中有不少人是在外地深造後才走上文學道路的，但外出深造必以在家鄉接受啟蒙教學為基礎，他們後來的發展是根植於家鄉的文化沃土和崇知尚文的民風裏的。這種民風會使受其薰陶的青年在面臨多種選擇時，比較容易地受到暗示而傾心於文學。魯迅的棄醫從文和郁達夫從學經濟到寫小說，原因複雜，但如上節所述，他們的從小喜愛文學和在家鄉所受的良好教學，是一個十分重要的因素。還有徐志摩，父母命他學金融，可他受個人情趣的支配，與文學結下了不解之緣，這個人情趣的養成也顯然是與從小所受的文化薰陶密切相關的。應修如、魯彥、柯靈本來只粗通文墨，並且已另謀他業，後來都經過刻苦自學，走上了文學道路。很明顯，這些人的選擇裏，都有崇知尚文的區域文化傳統所起的重要作用在內。浙江有這樣的教學規模和文化傳統，二十年代多出文學人才，便在情理之中。

　　說到文化傳統，還不能忘記「越性」。浙江文化發達始自東晉，但文化相對落後的吳越時期所形成的「越性」（性格與習性），卻影響深遠。據《越絕書》和《吳越春秋》記載，句踐曾對孔子歎曰：「夫越性脆而愚，水行而山處；以船為車，以楫為馬；往若飄風，去則難從；銳兵任死（《吳越春秋》作『悅兵敢死』），越之常性也。」所謂「任死」就是對吳越民族剛毅勇猛、果敢輕死性格的凝練概括。它浸染了這片土地，積澱在後人的心理素質中，所以這裡歷史上出了不少可歌可泣的英雄。明末清初有至死不降的張蒼水，甘為遺

民的黃宗羲，清末斷頭軒口的秋瑾，喋血皖江的徐錫麟，都是光照千秋的英烈。這種不畏強暴、敢於抗惡的地域文化傳統，無疑有利於培育反封建的新文學家。因為當時反封建不僅需要膽識，還需要古老的越族民眾那種「銳兵任死」的精神。沒有它就不能在新舊交替時期抓住歷史機遇，從文學方面向強大的封建勢力和傳統習俗發起勇猛的挑戰，因而也就沒有資格成為新文學的先驅。蔡元培、魯迅、周作人、劉大白、孫伏園等都出自紹興，不是偶然的。他們的成長，明顯地得益於這片土地裏英雄血脈的灌溉。

2、對外交流方面的優勢。浙江自古就有對外交流，吳越稱霸中原和亡國後的百越大遷移，就是特殊形式的文化交流和融合。但與現代作家成長直接相關的，是近代浙江隨著經濟發展日益加強的與外地特別是北京、上海等現代大都市的聯繫。這裡也有三種因素需加特別注意。

其一，紹興師爺的餘脈。紹興師爺作為一種區域性的社會勢力，肇始於明，盛行於清，尤以晚清時紹興人當師爺的為多。他們充當各級官府的幕僚，為主人出謀劃策，代擬文書，辦理案件，又跟故鄉保持聯絡，因而「紹興人去外埠經商，往往到當地衙門找紹興師爺，以求照應。又紹興師爺之間由於同鄉、同職的關係，直的方面從縣、府、撫署，彼此都互通聲氣，那時候有『無紹不成衙』之說」〔註6〕靠這種特殊關係，紹興人在其他地區還比較封閉時就已經很容易遠走他鄉，去獲得新的機遇。魯迅等實際上就是憑這種優勢先走出家門，後遠渡重洋，接受了新思想的洗禮，成為新文學運動的先驅，即使像朱自清等在祖上就移居外地的，其所以能夠移居外地，其實也是憑藉了歷史上形成的這種優勢。

其二，寧波幫的勢力。寧波是我國古代的大城市之一，歷史上作為大米、茶葉、黃酒、棉布的轉運集散地，與長江中下游和閩廣、東南亞保持著頻繁的貿易往來，素有「魚鹽糧食碼頭」之稱。早在明末清初，寧波商人就憑藉南北貿易線路發展為一支引人注目的商幫，在北京建立了會館。至乾嘉，寧波商人建立的會館已遍佈全國各地。鴉片戰爭後寧波闢為「五口通商口岸」之一，逐漸半殖民地化，其商業貿易、金融事業也隨之更迅速地發展起來。但由於它地處浙江沿海的狹小地區，商品經濟沒能獲得進一步發展。相反，上海從十九世紀下半葉起，成了帝國主義冒險家的樂園，進而取代了寧波歷史上所承擔的長江流域船舶轉運中心的地位。在這種情勢下，習慣闖蕩江湖

〔註6〕 朱仲華：《我所知道的紹興師爺》，《浙江文史資料選輯》第 26 輯，第 149 頁。

碼頭的寧波人大批湧進上海。據估計，至清末，上海居民中寧波人已達四十萬〔註7〕，有的還創建了可觀的事業，如被稱爲寧波幫鼻祖的慈谿人嚴信厚，1897 年在上海開設了中國第一家華人銀行——通商銀行。上海一些有名的企業家，如寶大祥綢布店、大中華橡膠廠、中國化學工業社等，也由寧波人經營。

1902 年，嚴信厚創立上海商業會議公所，後改名爲上海總商會。這個商會在上海的重要地位足以干預地方政治，影響社會，但其領導權始終掌握在寧波幫商人手中。另據上海的寧波同鄉會 1946 年統計，該會會員 36490 人，商業 20562 人，工業 3524 人，學界 2946 人，航海業 339 人，政界 214 人，軍界 33 人，其他各界 8592 人〔註8〕。可知寧波人在上海各界涉足之廣。這種早就形成的對外廣泛聯繫，使寧波一帶民眾較早地具備了開放意識，也爲他們大量到上海、北京等地謀生提供了便利條件。其中有些人，如應修如、魯彥等，就從學生意開始，另因別的緣由，相繼走上了文學道路。

其三，靠近上海的地理環境和便利的水陸交通。杭嘉湖、寧紹、金華義烏都靠近上海，且有鐵路、公路、水路與之相連，往來十分方便。所以這裡的人在上海繁榮以後習慣於到那邊去謀生，其中部分文化青年就在這現代都市受到時代精神的影響，與文學發生了關係。那些開始沒有去上海的，如王任叔、柯靈等，也利用了靠近上海、信息便利的條件，向那裡的報刊投稿，終於成爲有成就的作家。

紹興多師爺，寧波有口岸，杭嘉湖、金華等地近代交通便利，各地獨具特色的對外交流優勢爲當地新文學家的成長提供了有利條件。明白了這點，就能理解浙江現代作家爲何集中於上述幾地的一些奧秘。

3、經濟方面的有利之處。浙江近代經濟依仗鐵路和寧波港的轉口貿易，有較快的發展，但始終沒有達到商品經濟繁榮的程度，廣大農村土地肥沃，氣候濕潤，比較富庶，但還是自給自足的自然經濟。幾個中小城市，手工業發達，如製茶業、絲織業、錫箔業、印染業、草編業等，但大商人都跑到上海等地，本埠的商業反而相形見絀。所以總體的看，市民階層並不發達，市民意識也不濃厚。寧波幫重鄉情，就是原來這裡市民意識不濃、自然經濟影響深遠的很好例證。這種情形從作者素質和讀者需求兩方面限制了浙江市民

〔註7〕　董啓俊：《寧波旅滬同鄉會》，《寧波文史資料》第五輯，第8、11頁。
〔註8〕　吳克強等：《飲譽四海的「寧波幫」》，《寧波文史資料》第五輯，第2頁。

文學的興起，卻爲浙江城鄉教學的發展和延續苦心向學的文化傳統提供了較好的經濟基礎，並且有利於一般小康之家的子弟投親靠友，流向上海、北京等地謀生。這些人缺少資本去做生意、辦實業的機會，但他們受過教學，到異地他鄉後又受到新思潮的洗禮，因而可以利用那裡大量興辦學校和現代報刊業的發達，教書寫文章，從而成爲一名現代作家。

新文學第一個十年，浙江作家群規模位居全國之冠，根本原因就在這些得天獨厚的優勢。此後，全國社會政治、經濟文化狀況有較大發展變動，有利於五四作家成長的那些條件中浙江所佔的歷史性優勢逐漸變得不很明顯。同時三十年代至當代，文學家成長所依賴的社會條件已與五四時期有所不同。一些新的因素開始發揮作用，而浙江在這些方面並不擁有優勢，如遠離後來的政治文化中心重慶，遠離解放區等，所以從那時開始，浙江作家群后繼乏人，其規模與影響就難以與全國其他地區匹敵。這一點到當代表現得更加明顯。

（原載《寧波師院學報》1994 年第 1 期）

第二輯　周氏兄弟

「魯迅」經典意義的嬗變

　　文學的經典問題經常被人們提出來討論，這本身其實就表明文學經典不是一個凝固的概念，它的意義是在流動和變化的。在文學史上已有基本定評的經典作品，在一個時期受到人們的推崇是基於某種意義，而到了另一個時期，人們推崇它的理由發生了變化，它的另一種意義凸顯出來，其影響的範圍也有所不同了。透過文學經典的這種意義遊移或偏轉過程，我們可以思考文學經典本身的一些問題，也可以探討它與社會歷史語境的互文關係。

　　在中國現代文學史上，恐怕沒有一個作家像魯迅這樣其意義是與中國現代史緊緊地聯繫在一起的。五四時期的中國處於從古代向現代轉型的關鍵時刻，社會改革的重點落在了思想啓蒙上。魯迅以他的大愛和出眾才華，用小說刻畫沉默的國民靈魂，意在揭出病根，以引起療救的注意。他的雜文，則直接揭開五千年中國文明的眞相，稱那不過是「想做奴隸而不得的時代」和「暫時做穩了奴隸的時代」之間的輪換〔註1〕，中國五千年的文明史不過是一部「吃人」的歷史，「中國人尙是食人的民族」〔註2〕。這在今天的人看來，似乎對傳統文化有失公平，但在當時引起了同代人的強烈共鳴。吳虞在讀了《狂人日記》後，還專門做了一篇《吃人與禮教》，聲稱：「我們如今，應該明白了！吃人的就是講禮教的！講禮教的就是吃人的呀！」〔註3〕這是一個思想的閃電讓中國人驚醒的時代。魯迅的文學作品，以其激進的姿態代表了一

〔註1〕　魯迅：《燈下漫筆》，《魯迅全集》第 1 卷，人民文學出版社 1981 年版，第 212～213 頁。
〔註2〕　魯迅：《書信・180820 致許壽裳》，《魯迅全集》第 11 卷，人民文學出版社 1981 年版，第 535 頁。
〔註3〕　吳虞：《吃人與禮教》，原載 1919 年 11 月 1 日《新青年》6 卷 6 號。

種時代精神，魯迅也就在這樣的意義上被廣泛地閱讀，從而奠定了他在中國現代文學史乃至中國現代思想史上的突出地位。這同時也就說明了「王綱解紐」的時代，中國固有文明面對世界強勢文化的衝擊已無力解決現實的問題，因而迫切地需要引進西方的先進文化來開啓民智。現在有一些學者批評魯迅當時反傳統的激進，批評五四新文化運動的對傳統文化的批判，這看似平和理性，但不是歷史主義的，因爲它沒有從歷史的觀點來看問題。不是說魯迅不能批評、不能反思，關鍵是批評和反思不能脫離歷史的語境，不能無視中國傳統文化必須通過這樣的批判才能實現創造性的轉化，才能在新的歷史條件下發揮其重建社會道德的功能。魯迅一代人對傳統文化的激烈批判，是以他們對傳統文化無力解決當時中國現實問題的痛切感受爲前提的，是與他們對傳統文化的根本缺陷和致命弱點的深刻認識聯繫在一起的。我們不能一方面充分地享受著這種批判的積極成果，另一方面又輕易地說他們的這種批判過分了。今天，我們能獨立地來審視魯迅，而不是把他偶像化，歸根到底正是得益於五四新文化運動在對傳統文化的激進批判中確立起來的不迷信古人、不迷信權威的新文化傳統。

歷史在發展。隨著無產階級力量的壯大，中國出現了社會革命高漲的形勢，中國知識分子不得不做出何去何從的新選擇。與周作人有所不同，魯迅從他早年爲民眾的立場出發，選擇了一條與新興大眾同命運的道路。不過同樣重要的是，魯迅雖然積極參與了左翼文藝運動，甚至成了左翼文藝運動的一面旗幟，而他事實上並沒有喪失獨立的人格，更沒有放棄自由的思考。他把崇尚獨立思考的五四傳統與新形勢下革命力量對知識分子的要求自覺地結合起來了，在左翼文藝運動中保持了清醒的意識，同時堅持了文藝的民族的大眾的方向。這是魯迅的過人之處，但也正是因爲如此，他與左翼內部的其他成員存在著重要的思想分歧，甚至發生過激烈的論爭。

對於左翼政治力量而言，魯迅當然具有無可置疑的重要性。他的底層立場和革命精神，與左翼有不少共同點，他在五四文學革命中所取得的成就又使他成了五四知識分子的一個重要代表。有了魯迅的加盟，左翼革命力量不僅意味著獲得了五四一代知識分子的支持，而且以魯迅的思想轉變還可以向所有現代知識分子表明改造共世界觀、轉變思想的合理性和必要性。這一點在革命勝利後的歷史敘述中變得更爲重要了。

但怎樣彌合魯迅的思想與左翼思想的間隙，尤其是怎樣解釋五四時代的

魯迅與「左聯」時期魯迅的差異，從而向人們說明魯迅的道路就是中國現代進步知識分子所應該走的道路？無論是在革命勝利之前還是革命勝利之後，這都是一個擺在中國共產黨人面前的重要理論問題和實踐問題。

二三十年代之交的左翼文藝理論家，強調的是魯迅思想的進步，即認為是魯迅從五四時期的個性主義和進化論前進到了此時的集體主義和階級論〔註4〕，從而與左翼文藝有了共同的思想基礎，他因此成了左翼文藝運動中的重要一員。但通過強調魯迅思想的進步來解釋魯迅與左翼文藝運動方向的一致，雖然實現了雙方的聯合，但這是以降低魯迅五四時期創作的成就和思想探索的意義為前提的。它突出了左翼文藝運動的無產階級性質和時代先鋒性，卻包含了一個潛臺詞，就是魯迅五四時期的思想和創作存在問題，魯迅的進步就是以克服這些問題為前提的。這種從左翼的立場出發來「收編」魯迅的做法，自然會招來魯迅的不滿和批評，從而給雙方的合作埋下了許多不確定因素，後來產生了不少分歧。

與左翼理論家片面地從左翼立場來尋找與魯迅合作的思想基礎的做法不同，毛澤東則高屋建瓴地提出了新民主主義文化的概念，以「新民主主義文化」來統一五四以來的文化創新和發展。因而在新民主主義文化的概念中，五四文學和左翼文學獲得了同一性，彼此皆成為新民主主義文學的一個重要組成部分。兩者之間有差異，那差異也僅僅是新民主主義文學不同發展階段的差異，而在從屬於新民主主義文學這一基本點上則是一致的；而魯迅就是新民主主義文學的偉大開拓者，「魯迅的方向，就是中華民族新文化的方向。」〔註5〕毛澤東創造性地從理論上彌合了魯迅與左翼的思想裂隙，有效地解釋了左翼文學對於五四文學的繼承和發展的關係。不過，這雖然解決了魯迅與左翼文學的同質性的問題，但新民主主義理論高度強調無產階級的領導，因而它事實上重新定義了五四傳統，使新民主主義意義上的五四傳統保留了革命民主主義的力量，而把五四時期十分重要甚至處於主導地位的自由主義力量的重要性降低了。於是，這樣的解釋反而不能回過頭來很好地解釋五四傳統自身，不能客觀地對五四時期自由主義作家的成就，如對周作人和胡適做出恰如其分的評價了。我們常見的是把這些自由主義作家當作消極力量的代表加

〔註4〕　何疑（瞿秋白）：《〈魯迅雜感選集〉序言》，《魯迅雜感選集》，上海青光書局1933 年版。

〔註5〕　毛澤東：《新民主主義論》，《毛澤東選集》第 3 卷，人民出版社 1957 年版，第 691 頁。

以貶低，即使要肯定他們的歷史貢獻，也會更多地強調他們的歷史局限性。不僅如此，按這樣的解釋，魯迅的形象事實上也被改造了。魯迅與無產階級革命相一致的方面被放大，他與無產階級革命在某一歷史階段不相一致的方面被淡化，或者加以重新解釋，使之盡量一致起來。經過這樣的改造，魯迅終於成了沒有加入中國共產黨的共產主義戰士，而魯迅作品的意義也主要體現在它們提出了一系列關於中國革命的重大問題。比如《阿Q正傳》，阿Q不被允許革命，成了辛亥革命領導者嚴重脫離群眾的一個證明；阿Q本來可以成爲擁護辛亥革命的基本群眾，卻在辛亥革命後被殺了頭，這說明了辛亥革命的不徹底甚至失敗。《傷逝》、《在酒樓上》、《孤獨者》，批判了小資產階級知識分子的性格弱點和思想動搖性。總之，在中國革命本身還沒有解決好革命與群眾的關係問題、革命的領導權問題、知識分子的思想改造問題之前，魯迅在他早期作品中已經提出了這些重大問題〔註6〕，因而魯迅想不偉大也難。

對魯迅形象的這種改造，當然有魯迅的創作成果作爲事實的基礎，並非沒有一點道理。但很明顯，這主要地不是從魯迅出發的研究，而是一種革命時代邏輯的反映，是自覺運用新民主主義理論所得出的結論。它是按照新民主主義的理論來塑造魯迅形象，解釋魯迅作品的意義，因而其關注的重點是新民主主義理論的相關觀點，是魯迅作品中可以朝新民主主義思想方向解釋的方面，而對其它方面或者可以朝其它方向解釋的方面則忽略了，或者輕描淡寫地帶過。革命的力量需要魯迅成爲中國進步知識分子的榜樣，引導他們改造世界觀，把立足點轉移到人民大眾這方面來，參加對敵人的鬥爭〔註7〕。因而按革命的邏輯來闡釋魯迅，強化其革命的一面，突出其作爲共產主義戰士與人民大眾相聯繫的一面，渲染其與敵人進行百折不撓戰鬥的一面，就是十分必要的。這樣的改造，儘管與眞實的魯迅不完全吻合，但從革命邏輯這方面看，也是成立的，因爲魯迅本來就有從革命的方面進行闡釋的可能性。不過按照這樣的革命邏輯來研究魯迅，到了革命本身轉向極左的方向時，就會使學術研究成爲政治實用主義的犧牲品，即任何人可以隨意地按照「左」的政治邏輯，把魯迅研究納入政治鬥爭的領域，甚至成爲整人的手段和工具。

〔註6〕 參見《陳湧文學論集》的相關文章，上海文藝出版社 1984 年版。
〔註7〕 毛澤東：《在延安文藝座談會上的講話》，《毛澤東選集》第3卷，人民出版社 1957 年版，第 858～859 頁。

這種極端的情形，在「文革」時期已經司空見慣了。

　　上個世紀 80 年代初，隨著政治上的撥亂反正，魯迅研究開始出現新的局面。代表這個時期魯迅研究最新成果的首先是王富仁。王富仁 1983 年在《中國現代文學研究叢刊》上發表了《中國反封建思想革命的鏡子——論〈吶喊〉〈彷徨〉的思想意義》一文，引起了重大的反響。隨後他又以《中國反封建思想革命的一面鏡子——〈吶喊〉〈彷徨〉綜論》爲題撰寫博士學位論文，並於 1985 年在《文學評論》第 3、4 期上以提要形式發表了博士學位論文的主要觀點。王富仁認爲，《吶喊》與《彷徨》的不朽意義不是它們提出了中國政治革命的重大問題，而是提出了中國反封建思想革命的一系列重大問題；反封建思想革命的核心問題就是清除封建主義觀念對民衆的思想毒害，是啓發民衆思想覺悟的問題〔註8〕。王富仁的觀點和他的研究模式，打破了原來從政治革命的角度來研究魯迅的模式，給人耳目一新的感覺。他基於文本細讀的精彩論證，向讀者證明了魯迅研究完全可以擺脫政治教條的束縛，開掘出嶄新的意義。這種思維方式和他得出的《吶喊》和《彷徨》是中國反封建思想革命的鏡子的結論，直接構成了那個時期思想解放運動的重要部分。可以想像，對於魯迅這麼一個維繫著原有意識形態權威至高無上地位的文化符號進行某種可以顛覆其權威性的新闡釋，塑造起一個新的魯迅形象，這個新的魯迅形象不能再用原有的一套政治革命的理論來有效地解釋，而必須用一套新的與原有理論有不相一致的地方卻符合新時代人們對思想領域變動的期待的理論來解釋，其影響所及就不僅僅是魯迅研究中提出了什麼新的觀點的問題，而是一項打破僵化的意識形態神話的重大成果。

　　王富仁的論文一發表，就在魯迅研究界引發了一場大的風波。支持者認爲這是重大的突破，反對者指責這是離經叛道。產生這樣大的分歧，主要是因爲他提出的問題擊中了當時中國思想界的一個癥結，即是繼續固守僵化的觀念和思維邏輯，還是開動腦筋，面向未來，對歷史問題和現實問題進行新的思考。王富仁關於魯迅的觀點被越來越多的知識分子所接受，則意味著中國的思想界已經發生重大的變化，越來越多的人不再固守原來的僵化觀念，而是開始獨立地思考問題。換言之，魯迅的經典意義這時發生了一次重大的轉折，從原來認爲的是中國革命教科書轉變成了中國思想革命的一面鏡子。

〔註8〕　參見王富仁：《中國反封建思想革命的一面鏡子：〈吶喊〉〈彷徨〉綜論》，北京師範大學出版社 1986 年版。

這告訴人們，思想解放、人格獨立是五四時期的時代強音，同時也是 80 年代前期思想解放運動的宏大主題。

由魯迅的研究推進中國思想界的發展和進步，這是魯迅的光榮，也是魯迅研究界的光榮。可是許多人恐怕都沒有想到，中國社會進入了 1990 年代以後，魯迅開始被邊緣化，魯迅研究在思想領域裏的影響力也直線下降了。這當然不是魯迅的問題，也不是魯迅研究界的責任，而是中國社會自身的問題。當魯迅研究與中國思想界的重大問題密切相關，甚至成了中國政治生活中的重大事件時，魯迅研究的影響才會充分地發揮出來。這是說，以前魯迅研究的影響之所以大，主要地不是因為它是學術問題，而是因為它是一個政治問題。王富仁提出《吶喊》和《彷徨》是中國反封建思想革命的一面鏡子引起強烈反響，主要也是因為它在事實上起到了推進思想解放運動的重大政治作用。可是進入 90 年代以後，中國社會趨於多元化，不同思想觀點之間的爭論和交鋒成了十分正常的現象，只要不違反憲法，人們完全可以直接地表達自己的觀念，再也用不著假借魯迅研究的名義。於是，魯迅研究與社會政治問題的關係開始疏遠。研究魯迅，人們更多地是去探討魯迅作為一個人的內心生活，他在絕望中的精神堅守，他的人格力量等，魯迅研究開始真正回歸魯迅自身。當魯迅研究真的回歸自身，魯迅的意義就只與研究者有關，或者與內心敬仰和熱愛魯迅的人的私生活聯繫在一起。這樣的人可能會因為個人的特殊經歷而與魯迅的精神產生共鳴，被魯迅的人格所感動，但他們的研究目的肯定不會與一般大眾發生深刻的關係。一般的大眾今天更為關心的是世俗的生活，而不是思想領域的深奧問題。在這樣的條件下，魯迅及魯迅研究影響力的下降就成了一個必然。而更為重要的是，當思想解放發展到真正的個性獨立和思想自由的階段，人們不僅要以魯迅精神為參照從僵化的思想觀念中解放出來，而且要進一步從魯迅的崇拜中超脫出來；不是拜服於魯迅的腳下，而是懷著出自內心的敬意而又以獨立的人格與魯迅進行真正平等的對話。因而發揚魯迅精神的結果，會是超越魯迅，走向更為開闊的思想領域，達到更為健康的思想境界，魯迅崇拜的現象反而會逐漸淡化，威權時代的那種影響力的下降也就難以避免。

當然，魯迅的意義是豐富的。他在政治生活領域中的經典意義會隨著這段政治生活成為歷史而慢慢地淡化，而他人格的力量，他在生存困境中的不屈精神，他在經歷內心的矛盾和鬥爭後依然堅守自己信仰的那種人生樣式，

會成為一種精神榜樣，超越時代，受到那些不甘於平凡、有信仰有堅守的人的崇敬。我還想強調的是，歷史在發展，社會在進步，而歷史進步和社會發展不會是直線的、一帆風順的，更常見的形式是曲折和迂迴。從這種長時段的歷史觀來思考問題，更會意識到魯迅是不朽的，原因就在於當人類面臨重大的挫折和災難時，魯迅和魯迅那樣的文化偉人會以他們非凡的人生實踐所鑄就的精神豐碑給人以強大的激勵，鼓舞他們去迎接挑戰，克服困難，創造光明的未來！

（原載《孝感學院學報》2011 年第 6 期）

「魯迅是誰？」：
當前魯迅研究的幾點思考

一、問題的提出

「魯迅是誰？」上個世紀 30 年代初瞿秋白在他的《魯迅雜感選集・序言》中就已提出了這個問題；最近，魯迅的長孫周令飛又重複了這樣的提問。周令飛說：「這幾年來，我心裏面有很大的問號。第一個問號，『魯迅是誰』，我認為面目全非。」他強調一些學者把魯迅說成是在寂寞、孤獨、怨恨中死去，這很不準確，他所聽到的魯迅並非如此：我聽我的祖母、我的父親告訴我，當時在上海雖然他也在打筆仗，但是在上海的生活品質絕大多數是好的。他喜歡看電影，喜歡逛書店，頻繁地逛書店。他有很多的朋友一天到晚到他家裏來聊天，昨天晚上打筆仗，今天一同吃飯。還有，他有了我父親這個孩子，每天抱在手上。生活是這樣的快樂，我覺得是很豐富的，他在去世前 11 天還去參加了青年木刻的展覽……這樣的一個人是不是像大家描述的那樣，那麼絕望的死去？〔註1〕瞿秋白的提問，反映了一個文化修養很高的共產黨人對魯迅的理解；周令飛的提問，則是基於他作為魯迅後輩的生活感受。哪一個魯迅更真實，真不好輕易回答。

魯迅是一個什麼樣的人，其實從來沒有定論。從歷史上看，魯迅的敵人對他的攻擊姑且不論，僅看魯迅朋友或後來崇敬魯迅的人的文章，意見也很不一致。吳虞在讀了《狂人日記》後於 1919 年 11 月在《新青年》寫了一篇《吃

〔註1〕 周令飛：《「重讀魯迅」與當下意義》，《上海采風》2011 年第 5 期。

人與禮教》，高度肯定了《狂人日記》的歷史功績。可在「革命文學」論爭中，本來同屬新文學陣營的郭沫若卻著文稱魯迅是「封建餘孽」、「二重的反革命」、「不得志的 Fascist（法西斯諦）」〔註2〕；成仿吾也批評魯迅「代表著有閒的資產階級，或者睡在鼓裏的小資產階級」〔註3〕；李初梨諷刺魯迅是中國的唐·吉珂德〔註4〕。作為魯迅好友的瞿秋白，他 1933 年在《魯迅雜感選集·序言》中力排眾議，首次強調：魯迅是封建階級的貳臣逆子，是喝狼奶長大的，他從進化論到階級論，從個性主義到集體主義，完成了思想的飛躍。對後世影響最大的，自然是毛澤東對魯迅的高蹈概括和評價。1937 年 10 月 19日，毛澤東在魯迅逝世週年祭日到陝北公學作了《論魯迅》的演講；在《新主民主義論》中，他又寫下了「魯迅是中國文化革命的主將」那段著名的論斷。到了 1980 年代，王富仁最早提出了新的觀點：魯迅小說的價值不在政治革命方面，而在於揭示了反封建思想革命的重大問題，因此《吶喊》與《彷徨》是「中國反封建思想革命的一面鏡子」〔註5〕。此後，一些學者把魯迅看作平常的人，從《野草》和他後期的一些雜文中發現魯迅的內心非常孤獨、寂寞，甚至陷於絕望的狀態，認為魯迅的偉大就在於對這絕望的反抗。

上述諸多觀點所描畫的魯迅形象各不相同，甚至相互背離。這還僅僅是國內的情況，如果把視線擴展至國外，日本學者所揭示的魯迅形象也是有差別的，因而產生了「竹內魯迅」、「丸山魯迅」、「伊騰魯迅」等。那麼，不同的「魯迅」包括周令飛心目中的魯迅，到底哪個才是真實的？

二、歧見中的意義

其實，不必追問哪個魯迅才是真實的。「魯迅是誰？」屬於本體論的問題，對此問題的回答要受認識主體及環境條件的影響。人類對對象的認識，永遠在揭示真相的途中。期間達成的認識，可能僅僅反映了對象的不同側面，構成了對象真相的一部分，但不可能是對對象真相的全部把握。既然「魯

〔註2〕 杜荃（郭沫若）：《文藝戰線上的封建餘孽——批評魯迅的〈我的態度氣量和年紀〉》，《創造月刊》2 卷 2 期（1928 年）。
〔註3〕 成仿吾：《從文學革命到革命文學》，《創造月刊》1 卷 9 期（1928）。
〔註4〕 李初梨：《請看我們中國的 Gon Quixot 的亂舞——答魯迅〈醉眼中的朦朧〉》，《文化批判》1928 年第 4 期。
〔註5〕 王富仁：《中國反封建思想革命的一面鏡子：〈吶喊〉〈彷徨〉綜論》，北京師範大學出版社 1986 年版。

迅是誰」的問題難有最後的答案，我們不妨轉變思維方式，從探究本體論的問題轉向對認識論問題的思考，即暫時懸置這一問題，而來思考從「魯迅是誰」的回答中可以看出何種別樣的意義。

第一，可以看出魯迅非凡的思想和個性。魯迅提出封建禮教「吃人」的命題，站在時代高度犀利地剖開了中國數千年文明史的眞相；他對國民性的批判，把舊中國民眾不敢正視現實、安於現狀、自欺欺人，習慣在「瞞」和「騙」中苟活的民族劣根性暴露無遺；他時時解剖別人，但更無情面地解剖自己。這種個性在常人眼中可謂近於冷峻。他不輕易相信未來是黃金世界，但又反對虛無主義，「絕望之爲虛妄，正與希望相同」。他捍衛自由的精神和思想的獨立，但又聲稱願意「聽將令」，滿懷激情地投入到思想啓蒙運動中去，並循著「爲大眾」的思想邏輯靠近左翼社會革命，期盼能夠用這種方式動員起更多的民眾。從某種程度上說，魯迅是一個內涵豐富、意義深刻的文化符號，魯迅的思想與中國社會巨大的歷史變動緊密地結合在一起，這種複雜的個性和思想變化的軌跡很容易引起人們的不同解讀。

第二，可以看出回答者的立場和目的，看出特定社會的政治文化背景。吳虞熱情喚呼《狂人日記》，是因爲作品對禮教吃人的揭露體現了反封建的五四時代精神，切合了覺醒的知識分子思想解放的需要和啓蒙主義立場。「革命文學」論爭中，一些左翼批評家批判乃至攻擊魯迅，是因爲這些人自以爲學了一些馬列主義的詞句，就前進到了無產階級的立場，有資格來教訓與他們意見不一致的魯迅了。實際上他們沒有意識到，由於自己粗暴地割斷了與五四的歷史聯繫，不僅沒有眞正掌握馬列主義，而且走到脫離實際的教條主義道路上去了。瞿秋白的《魯迅雜感選集・序言》，無疑體現了一個共產黨領導人的思想水平和歷史使命感。他以魯迅的「思想進步」爲中國知識分子樹立了一個榜樣，希望引導他們像魯迅那樣背叛自己的出身，投身於無產階級革命事業。不過，瞿秋白對魯迅的肯定實際上是以否定或貶低魯迅五四時期的思想和創作爲前提的，他要強調魯迅從進化論到階級論、從個性主義到集體主義的思想飛躍是中國知識分子應走的道路，但魯迅本人未必會甘願認同這一點。進化論的思路魯迅自稱後來被徹底轟毀，但進化的觀點到 30 年代他也沒有完全拋棄；同樣，個性主義思想在 30 年代也沒有被丟掉，相反，而是以人格獨立、思想自由的精神融入到他新的思想信仰中去了。包括五四時期的創作，魯迅也從來沒有認爲已經過時，他還曾專門就此與「革命文學」的倡

導者進行論爭，試圖澄清革命文學的觀念、創作方法等一系列重要問題。因此可以認爲，瞿秋白式關於魯迅思想發展的評斷雖然提高了魯迅在左翼文學運動中的地位，但同時也被一些左翼批評家發揮，爲魯迅後來與左翼主流派的思想分歧和新的論爭埋下了伏筆。

至於毛澤東對魯迅的評價和 1980 年代王富仁的魯迅研究，筆者已在相關文章裏進行過分析。概括地講，毛澤東把五四文學和魯迅前期小說同時納入新民主主義範疇，從魯迅與中國革命的關係方面來闡釋魯迅的意義，來肯定他巨大的歷史貢獻和深邃的洞察力，不僅解決了五四文學與左翼文學的歷史連續性問題，而且從理論上證明了魯迅的方向就是中華民族新文化的方向，從而形成了一種影響很大的魯迅研究的意識形態模式。而王富仁《中國反封建思想革命的一面鏡子——〈吶喊〉〈彷徨〉綜論》的出版，其背景即新時期的思想解放運動，這是對以往僅從政治革命的角度研究魯迅、以及所產生的庸俗化傾向的一種反撥，甚至他的研究成果直接構成了當時思想解放運動的重要一環〔註6〕。

從不同立場出發研究魯迅，反映的是魯迅在 20 世紀中國思想革命和政治革命歷史進程中被建構的過程。而反觀和透視魯迅形象被建構的過程，不僅有助於客觀評價魯迅，釐清他對於 20 世紀中國文學史、中國思想史的貢獻，而且可以聯繫魯迅的生活、鬥爭和創作研究 20 世紀中國文學的一些重大問題，如文學與政治的關係、文學經典意義形成、嬗變和文學傳播與接受的規律，文學管理體制以及文學創作和學術批評的自由等問題。研究思路的這種調整可以開闢魯迅研究的新領域，在一些重要問題上取得新的突破。

第三，可以看出「魯迅」影響力及魯迅研究的某種變化。周令飛從家人的感受出發質疑研究者的過度闡釋，反映出他希望人們回歸魯迅的日常生活面。他或許認爲，一個讓人親近的魯迅形象，有助於拉近人們與魯迅的距離。事實上，在一個後革命時代，革命理想主義的原則已經被講究等價交換的市場原則所取代，大多數的人去追求世俗的享受，甚至有人願意娛樂到死，所以，魯迅成爲一個「卡里斯瑪」典型的條件已不復存在；通過用探討與魯迅有關的文學史、現代思想史乃至現代革命史的問題來統一人們的思想，這種意識形態式的思維也不再有效了。更爲重要的是，一般大眾現在已經具備了相應能力來自由地閱讀魯迅，不必再接受批評家的某種干涉和指導。因此，

〔註6〕 陳國恩：《魯迅的經典意義與中國形象問題》，《學術月刊》2010 年第 11 期。

批評家也不再擁有擔任大眾精神導向的光環和話語特權,魯迅研究正在走向多元。

那麼,如何以開放的心態和科學的方法,在堅守中尋求魯迅研究的新突破呢?這是一個大題目,筆者於此僅談幾點粗淺的想法:

第一,回歸魯迅,實現學術研究的求真價值。回歸魯迅,就是回到魯迅那裡去,澄清魯迅研究中由於各種因素干擾而造成的含混,釐清魯迅與一系列歷史事件的關係,以歷史主義的觀點展示一個真實的魯迅。學術研究的宗旨,是揭示事物的內在規律和真相,對於魯迅研究而言,求真最重要的是尊重魯迅的主體性,從魯迅出發,提出問題、探討問題。其實,回到魯迅的口號,早在上世紀 80 年代初就被一些學者提出,並取得了一系列重要的研究成果。與 80 年代不同,如果說 80 年代所恢復的魯迅作為啟蒙主義思想家和文學家的形象,其內在的動機還是出於強烈的政治訴求的話;今天再提回歸魯迅,則是為了更真切地關注魯迅的接近普通人的一面,去發掘他在普通的人生樣式中所包含的不平凡的精神,為今天的讀者提供一種精神的樣式。

第二,回歸學術,實現學術研究的向善價值。回歸學術,就是把「魯迅」作為一個學術問題來探討,更重要的是把魯迅作為一個人——當然是偉人——來研究。包括研究魯迅與他所從事的文化批判和他所參與的政治鬥爭的關係,也要採取學術的態度,進行實事求是的、具有前瞻性的研究,既要堅持歷史主義的原則,又要具備當代的眼光;既要回到歷史的規定情景中去,又要跳出歷史的迷霧,從新時代的高度對歷史作出判斷,使研究具有歷史的深度而又能體現 21 世紀的時代特點。並且,可以從個人化的角度切入一個偉人與時代、與重大政治問題的關係,去深入感悟他的矛盾和痛苦,探討他的那顆不平凡的心靈,展示他與眾不同的人格。這同樣是學術研究的善的價值之體現。同時這也意味著,從事學術研究要充分提倡自由爭鳴,謹防獨斷,表現出應有的民主科學精神。

第三,回歸研究者自我,實現學術研究的致美價值。學術研究要訴諸理性,但理性的運用事實上不可能由理性自身給予絕對的保證,學術研究也不可能像一面鏡子那樣去映照事物,而是要以個人所掌握的觀念方法、美學原則去進行艱苦的探索,來努力解開現象的迷惑。尤其是面對文學作品這一想像的產物,研究者更應該、而且可以從自我的生命體驗出發,去感知作品的藝術世界,體驗其中每一個鮮活的生命,並以感性的方式表達出學術的美感。

魯迅的世界是一個廣闊而深邃的審美世界，馳騁浸潤在這一廣闊而豐富的領域，雖然也要致力於發現對象的真相，但也需要更多融合了研究者個人的思想傾向、審美趣味、生命體驗的再闡釋、再解讀，也要升騰起崇高的美感與魯迅進行精神的對話。這樣的研究是理性的，但又是帶有強烈感性體驗的，是一種有擔當、有追求、也有大痛苦的踐行者的自我激勵和拯救。

這樣的研究，顯然又是向未來開放的，它趨向無限的豐富空間，有待於憑藉個人的信仰與聰明才智去發現、去創造，去接近魯迅，去不斷探索魯迅的價值。

三、當下魯迅研究的新動向

如果說「魯迅」及魯迅研究的影響力有所下降，這並非什麼壞事。文學應該回歸文學，這樣不僅不會損害魯迅的形象，反而可以促使回歸更真實、更豐富、也更有意義的魯迅，把魯迅研究推向新的階段。

今年9月25～26日，紀念魯迅誕辰130週年暨「魯迅：經典與現實」國際學術研討會在浙江紹興召開，僅從我所在的「魯迅的世界影響及其它」專題小組，即可從一個側面感受到當下魯迅研究的某些新動向。這些動向和動態帶有如下特點：

一是魯迅研究關注重點的轉移。從過去的喜歡追問「魯迅是誰」，轉向現在對這種本體論追問的包容性思考，即學術史的研究，顯示了研究者思維的拓展。如中國社科院文學所的董炳月在題為《「日本魯迅」的另一面相：霜川遠志的〈戲劇‧魯迅傳〉及其周邊》的報告中，提出「學院魯迅」與「民間魯迅」的區別。他以日本霜川遠志的《戲劇‧魯迅傳》為考察對象，強調霜川在其戲劇魯迅傳中從民間立場出發，把魯迅形象往「多情」的方向加工。這種寫法如果換成在當下的中國，肯定會受到嚴厲批判，認為是對魯迅形象的醜化：但在霜川的戲中，卻是作為魯迅形象的亮點來寫的，表達的是作者對魯迅的崇敬，這顯然與當地的社會文化背景有關。此類不拘泥於「多情魯迅」的真實與否，只關注這種虛構所反映出來的日本文化和民間觀念，無疑拓展和提示了魯迅研究的新思路。我認為，用這種思路可以把魯迅研究調整到魯迅研究學術史的研究上去，如研究上個世紀「革命文學」論爭中的魯迅，左翼批評家筆下的魯迅，乃至「周揚魯迅」、「新民主主義魯迅」和80年96代新啟蒙視野中的魯迅等，不是簡單地指出這些研究的對錯，而是研究其立

場和觀點，研究其價值標準和思維模式，研究其背後的動機和政治目的等。這可以帶來新的一系列重要成果，打開魯迅研究的新局面。

　　二是研究方法的新探索。主要是靈活運用比較文學、文化研究、原型分析、傳播研究等方法，對魯迅進行多側面、多角度的綜合性研究。汕頭大學文學院彭小燕的《「竹內魯迅」的原型意義及其限度》，以「竹內魯迅」的概念為邏輯起點，提出竹內好所發現的「文學魯迅」與「啓蒙魯迅」的「一直互不和諧，卻又彼此無傷」。她分析了竹內好心目中的「文學魯迅」與「啓蒙魯迅」的內涵，尤其是對「文學魯迅」作了深入的探討。這顯然是綜合運用了原型分析和文化研究的方法，使人耳目一新。德國漢學家馮鐵的《魯迅在德文世界的翻譯和研究演變》，則用傳播學的方法考察了魯迅上個世紀 60 年代在德文世界中的傳播，包括翻譯和宣傳，指出魯迅的傳播與接受是與政治密切相關的，它有時本身就是一個政治問題。這樣的研究，有助於我們以更為開闊的眼光關注域外的魯迅傳播與接受的問題。

　　三是展示了不同國家的學術傳統和思維模式，充分體現了國際性特色。日本學者長於實證研究，這在小川利康的《周氏兄弟的時差：白樺派和廚川白村的影響》和楊曉文的《魯迅、豐子愷和廚川白村的〈苦悶的象徵〉》中表現得比較典型。小川利康用大量史料證明了魯迅與周作人在上個世紀 20 年代前期介紹白樺派和翻譯廚川白村有一個時差，他認為正是這個時差影響魯迅和周作人的思想後來朝不同的方向發展，走上完全不同的人生道路。當然，實證研究有一個指導思想的問題——實證材料不可能窮盡，找什麼樣的材料有時就取決於研究的目的。如果研究者指導思想存在問題，實證研究的方向可能出現差錯。華裔的日本學者楊曉文也運用豐富的史料，把魯迅、豐子愷與廚白村的《苦悶的象徵》聯繫起來，通過比較發現魯迅最終 Pass 了廚川白村，而豐子愷卻一輩子與廚川白村結緣，揭示了作家個性與氣質差異的意義。吉林大學文學院的靳叢林、李明暉的《「竹內魯迅」作品解讀的批評維度》，則表現了中國學者的批評特色，即宏觀地考察竹內好的魯迅研究，指出其特點是重視作品的閱讀感受，關注主體、語境和對象，充滿了詩意魅力等。俄羅斯科學院西伯利亞分院、新西伯利亞國立大學的梅德韋傑娃·澳利亞的報告題為《魯迅在蘇中關係破裂中的角色》，這使我們想起前蘇聯學者的治學風格，這種風格也曾深刻地影響過中國的研究者，其特點是善於從政治和文化的宏觀立場上提出重大問題，進行深入剖析，揭示內含的意義。該文探討的

是魯迅在中蘇政治衝突中所起的作用，當然不是魯迅本人發揮的作用，而是魯迅研究被中蘇兩黨和兩國高層納入了各自的世界戰略和意識形態發展戰略。中共中央爲了反對「蘇聯修正主義」，在致蘇共中央的公開信中引用了魯迅的話作爲論據，強調的是魯迅的無產階級革命立場，這引起了蘇聯主流漢學家的注意。蘇共當時正在實施和平共處戰略，它反擊中共的方法，是把魯迅與毛澤東區分開來，不再把魯迅視爲毛澤東的思想盟友。蘇聯學者這時不是從無產階級立場上去肯定魯迅，而是肯定魯迅早期的個人主義思想和人道主義精神，強調魯迅與民族主義的格格不入。很明顯，此時的魯迅也成爲了中蘇兩黨意識形態鬥爭的工具。這對於思考文學與政治的關係問題，具有重要的啓示意義。

當然，不同國家學者研究風格和思維特點的差異是相對的，不能說日本學者只注重史料實證，中國學者只進行宏觀的研究；相反，在這一專題小組的討論中，中國學者也有注重史料方面的研究，如浙江師範大學文學院付建舟、田素雲的《〈域外小說集〉的超前性與翻譯研究的失語症：兼與王曉元先生商榷》，就不同意王曉元認爲魯迅、周作人的《域外小說集》是失敗的觀點，他們用材料說明《域外小說集》屬於五四，魯迅和周作人因爲過於超前而不免寂寞。所有這些，都透露出在目前很難實現整體性突破條件下研究者們的創新和努力，或許，我們從中可以揣測魯迅研究的將來前景。

（原載《理論月刊》2011 年第 11 期）

魯迅小說的時間意識 [註1]

　　人的存在本質上是一種時間性的存在，對時間的思索與追問也是對存在的探詢。較之於「過去」、「現在」和「將來」三種時間，魯迅更關注「現在」，他的小說有一種「執著現在」 [註2] 的時間意識。魯迅小說的以「現在」時間爲核心，以「過去」、「將來」時間爲參照的時間意識克服了由於空間對物理時間的影響而造成的「現在」的缺席，凸現了觀念中「現在」時間的在場。這種時間意識與文本所生成的意義聯繫在一起，共同參與和介入魯迅個人時間的覺醒，也顯示了其小說的獨特價值。

一、日常空間：「現在」時間的缺席

　　魯迅小說的時間意識是建立在現實文化空間基礎之上的。時間和空間是文本形象構成、顯現與運動的基本閾限，是哲學中一對基本範疇，時間和空間交織成人的此在。巴赫金曾在《小說的時間形式和時空體形式》中提出了「時空體」這一概念，他說：「在文學中的藝術時空體裏，空間和時間標誌融合在一個被認識了的具體的整體中。時間在這裡濃縮、凝聚，變成藝術上可見的東西；空間則趨於緊張，被捲入時間、情節、歷史的運動之中。時間的標誌要展現在空間裏，而空間則要通過時間來理解和衡量。這種不同系列的交叉和不同標誌的融合，正是藝術時空體的特徵所在。」時空體，「表示著空間和時間的不可分割（時間是空間的第四維）。是一個內容兼形式的範

〔註 1〕　本文與吳翔宇合作。
〔註 2〕　魯迅：《雜感》，《魯迅全集》第 3 卷，人民文學出版社 1981 年版，第 49 頁。

疇」〔註3〕。按照理性邏輯的看法，任何物事的延伸（時間）都必須依據特定空間閾限的參照系來確定，而每一個空間參照物的轉換都必然影響敘述事件的時間航程。在魯迅的小說集《吶喊》和《彷徨》中，對空間的體驗最深刻。他的小說的「現在」時間意識的擴充本源於空間對時間的作用關係。具體而言，這種作用主要體現在以下兩個方面：

第一，空間扭曲了日常的物理時間，使「現在」缺席。魯迅曾將傳統社會的空間形態做了一個比喻：「假如一間鐵屋子，是絕無窗戶而萬難破毀的，……」〔註4〕「中國各處是壁，然而無形，像『鬼打牆』一般，使你隨時能『碰』」〔註5〕於是，「碰壁」、「推」、「踢」、「爬」、「撞」、「橫站」等狀態也就成為人的空間體驗。《狂人日記》中的狂人在「門外」和「家中」（包括「房間」、「園裏」）兩個並置的物理空間裏，既感到了壓抑：「屋裏面全是黑沉沉的。橫梁和椽子都在頭上發抖；抖了一會，就大起來，堆在我身上。」同時也感覺不到物理時間的變化：「黑漆漆的，不知是日是夜。」由於日常的物理時間失序，狂人只能走進自己紛繁複雜的心理時間。因此，他的心理時間與日常物理時間存在差異和矛盾：在第 3 節中，狼子村佃戶是「前幾天」來告訴我大哥，村裏有大惡人被人打死了，心被挖出來，用油煎炒了吃。但在同一節（第3節）、第5節和第10節中，狂人把佃戶的話描述成「前天」說的。「前幾天」和「前天」不是相同的時間概念，可在狂人的心理時間裏，彼此的界限模糊了。同樣「個人時間」的能指範圍也可以大於日常物理時間：在第3節的開頭有這樣一句話：「晚上總是睡不著。凡事須得研究，才會明白。」這裡的「晚上」由於「總是」的限制和經過主體研究到明白的過程，指涉的範圍包括了「今天晚上」在內的意義能指的一切「晚上」，而這種「晚上」能夠指示時間刻度的也只有「月光」的有無和明暗。與之對應的「早上」也具有歧義性，並非特定的實指。《明天》中的單四嫂子在失去自己的寶兒時，她的空間感受是：「太大的屋子四周包圍著她，太空的東西四面壓著她，叫她喘氣不得。」她唯一的慰藉是希望借助夢來和自己的寶兒相見，「現在」時間的

〔註3〕 巴赫金：《小說的時間形式和時空體形式》，《巴赫金全集》第 3 卷，白春仁、曉河譯，河北教育出版社 1998 年版，第 275 頁。

〔註4〕 魯迅：《〈吶喊〉自序》，《魯迅全集》第 1 卷，人民文學出版社 1981 年版，第 417 頁。

〔註5〕 魯迅：《「碰壁」之後》，《魯迅全集》第 3 卷，人民文學出版社 1981 年版，第 62 頁。

苦痛爲將來的夢幻期待所替代。《阿Q正傳》中的阿Q在日常空間的壓迫下，主體的「現在」時間意識缺席——他將自己的時間意識聚焦於「過去」和「將來」：他第一次出場的話是「我們先前——比你闊多啦！」他也會用「我的兒子會闊的多啦」來滿足自己的自尊心，他離場的最後一句話是「過了二十年又是一個……」通過逃避到「過去」和「將來」的時間中，「現在」時間的焦慮和即時主體意識就自然隱退了。《祝福》中的祥林嫂在一個無愛和冷漠的空間裏，她的存在是沒有明確的時間刻度的，在祥林嫂生存的「三個斷片」中，「我」對此歷史之倒敘所標示的時間分別是：「有一年的多初」、「第二年的新正」和「但有一年的秋季」。由此，時間具有了「寓言性」：具體時間的背景就有了抽象性和模糊性，具體的歷史背景被剝離，命題上昇爲普遍的抽象層次。祥林嫂詢問「我」的三個問題發人深省：「一個人死了之後究竟有沒有靈魂？」「到底有沒有地獄？」「死掉的一家人，能不能見面？」這是逃離「現在」時間，欲將自己的將來許以鬼神但依然存有疑惑的時間分裂者的表現。

　　由於日常空間的作用，魯迅小說的「現在」時間被扭曲，呈現出退化的傾向，「現在」時間的意義被擱置。《風波》中九斤老太那句經常重複的話「一代不如一代」似乎一直籠罩在這種日常空間裏，趙七爺經常援引歷史掌故來恐嚇當今。因而，作爲現代性歷史事件（革命）的時間缺席，也就是說，現在時間沒有參與到事件中來，沒能成爲推動社會發展的動力。《孤獨者》主人公最後在信中道出了自己對「現在」時間的否定：「躬行先前所憎惡，所反對的一切，拒斥先前所崇仰，所主張的一切」。「現在」時間與「先前」相比，不是進步、發展了，而是退化、落伍了。這種時間體驗在《在酒樓上》也有呈現，呂緯甫認爲自己的人生像一隻蜂子或蠅子似的，飛了一小圈又回來停在原地。他的「現在」時間已經被扭曲，時間回到了原點和過去，在頹唐消沉中無辜消磨著生命，也消耗了他的「現在」時間。

　　第二，空間沉滯日常物理時間，「現在」被吞噬。魯迅小說結構上有一個特點：首尾構成一個密閉的照應系統，時間的方向感和流動感不明顯。《風波》所描寫的「臨河土場」是一個沉滯封閉的空間，小說一落筆，便從日常空間入手，將鄉村土場晚飯時分的情景書寫成一幅靜謐的風俗畫，被文豪讚譽爲無思無慮的「田家樂」。這其中人物活動的地點和活動的範圍是狹窄和固定的，人物在日常空間外的活動包括外界時間訊息）是通過敘述者的旁白來交代的。如，在敘述幫人撐航船的七斤時，作者也未給他在外面的活動提供時

空體，只有客觀的敘述交代：

> 他也照例的幫人撐著航船，每日一回，早晨從魯鎮進城，傍晚
> 又回到魯鎮，……

這是一種從早晨到傍晚的流水賬式的敘述，七斤在日常空間的活動被簡化。而他從外面帶來的信息也無非就是「什麼地方，雷公劈死了蜈蚣精；什麼地方，閨女生了一個夜叉之類」，通過將日常空間神秘化堵塞了外來的入侵，臨河土場也保持了原初平靜的鏡象。時間沒有參與到事件的進程中來，小小的「風波」在人們的心中沒有時間的「知覺存留」，人們生活在無時間意識的精神狀態裏。在小說的結尾，「風波」平息後，一切又回到了時間的「常態」：七斤「依舊」受人尊敬，他們「仍舊」在土場上吃飯，九斤老太「仍然」不平而且健康，六斤「依然」保持著婦女裹腳的舊俗、保留著農民捧著「十八個銅釘的飯碗」的貧困。借助這種首尾呼應，敘述者追述既往之一切，旨在表明：一切本質上依舊不變，時間從社會進程中抽離出來，被懸置和吞噬了，成爲循環回覆的生存隱喻。

七爺經常援引歷史掌故來恐嚇當今，同樣，《長明燈》中的「瘋子」在強大的四個日常空間（「茶館」、「社廟前」、「四爺的客廳」、「社廟」）的集體圍剿下，被規訓和無害化了。自梁武帝點燃至今籠罩著現實的長明燈依然在社廟裏亮著，一切又回到了過去，「現在」被人遺忘。《故鄉》中「我」和閏土的故事，則在後輩的宏兒和水生中繼續循環和延續。以上說明，空間遮蔽了時間，造成了歷史的循環。

空間不僅是一種方位參照體系，還是一種價值反映體系；不僅是人物活動的場所，而且還作爲一種文化情境參與了敘事。由於空間的作用，「現在」時間被迫改變它原有的狀態：要麼停滯或倒退，要麼跨越和前瞻。這是一種「非成長性」的時間態勢，時間並未進入人物的內部，人物的精神品質和價值取向也在這種時間的扭曲和變形中生成，他們紛紛逃離「現在」的時間境域，主動遁入「過去」和「將來」。魯迅洞悉到了這一切，通過揭露「現在」時間的缺席，爲他建構起以「現在」時間爲核心的時間體系創造了條件。

二、心理空間：「過去」、「將來」時間的當前化

魯迅是通過將「過去」、「將來」的時間當前化，來建構以「現在」爲核心的新的時間觀的。「過去」、「將來」在魯迅的心理空間中統一於「現在」，

並爲「現在」所燭照，從而構成了一種新的時空關係。新的時間觀念，既是
對日常空間造成的「現在」時間缺席的一種對抗，又是對懸置「現在」的創
作理念的一種反撥，這有許多例證，《〈吶喊〉自序》便是一個證明：

> 我在年青時候也曾經做過許多夢，後來大半忘卻了，但自己也
> 許並不以爲可惜。所謂回憶者，雖說可以使人歡欣，有時也不免使
> 人寂寞，使精神的絲縷還牽著已逝的寂寞的時光，又有什麼意味呢，
> 而我偏苦於不能全忘卻，這不能全忘的一部分，到現在便成了《吶
> 喊》的來由。

這裡，「年青時候」、「寂寞時光」是一種過去的時間，「許多夢」是過去對將
來的一種希望和憧憬，「不能全忘卻」是現在的內心感受，「不能忘卻」的內
容既包括對過去寂寞的「回憶」，也包括了過去和現在對將來的「夢」，過去
對將來的期許現在大半都不記得了，而對過去的寂寞時光卻一直無法釋懷。
「現在」是對「過去」和「將來」開放的，歷史和現實重疊，現實和未來應
證，使得我們既可以用「現在」、「將來」反觀「過去」，也可以用「過去」來
映照「現在」和「將來」。「過去」不再是與「現在」只有線性關聯的歷史演
進，而是活生生的「曾在」，將來也不是遙不可測的概念化的期許，而是籌劃
於現在的「將在」。這種新的時間觀念，影響到魯迅的敘事，並在小說的敘事
策略上表現出來。具體地說來，魯迅小說中有三種有關「過去」、「將來」和
「現在」關係的敘事策略：

第一，將「過去」當下化。魯迅敏銳地認識到「過去」在「現在」復現
的事實，他說：「試將記五代，南宋，明末的事情的，和現今的狀況一比較，
就當驚心動魄於何其相似之甚，彷彿時間的流駛，獨與我們中國無關。現在
的中華民國也還是五代，是宋末，是明季。」〔註6〕他的小說集《故事新編》
用「古今雜糅」的時間形式雜陳古今、跨越時空，讓古人說今話，讓古人做
今事，歷史景象與現實世界相映成趣。如《理水》中的「文化山」上的學者
眾聲喧嘩，用英語會話，大談莎士比亞、維他命 W、文學概論等，中間伴有
民間俚語、文縐古語、現代摩登語。《非攻》中，日本侵華時期的國民政府的
「募捐救國隊」竟開進了春秋時期的宋國。《起死》中的莊子居然吹響了警笛。
伴隨這種時間的共時性呈現的是語言的混雜：權威話語、俗話俚語、文言體、
外來語、摩登語等都鎔鑄於一爐，形成了具有自身辯證法與社會性對話的「語

〔註6〕　魯迅：《突然想起》，《魯迅全集》第 3 卷，人民文學出版社 1981 年版，第 17 頁。

言形象」。用巴赫金的話說，在語言形象的周圍發生了「巴比倫式」的混亂，
滲進了種種意向和語調，成為一個「雜語的小宇宙」。

　　需要注意的是，魯迅這種「發思古之幽情」不是一味地在「新編」古代
故事，鑽入歷史的故紙堆裏，而是以強烈的現代精神實現「現在」與「過去」
的滲透和參與，並且指向其思考的當下現實語境。正如茅盾所評論的那樣：
「將古代和現代錯綜交融成為一而二，二而一」，「借古事的軀殼來激發現代
人之所應憎與應愛」〔註7〕。伽達默爾曾將歷史傳統比作成一尊古代神像，
指出它不只是被供奉在神廟內、陳列在博物館中的屬於過去世界的東西，它
同樣也屬於我們的世界。在它身上彙集了兩個視域：一是對象原有的歷史視
域，二是解釋者擁有的當下視域。這兩者並不孤立排他，而是彼此融合、相
互激發、相互彰明，這就是他非常有名的「視域融合」。魯迅作為當下視域
的存在者，他對過去歷史的解釋和書寫肯定會不自覺地將古今進行融通。通
過古今的連續性、意向的對話性的「張力」發掘，魯迅一貫的「現在」思維
命題在古人的身上形成了隱喻式的對接和激活。

　　第二，將「將來」當前化。按照時間線性推衍的邏輯，「將來」是晚於「現
在」的，是將要發生而未發生的時間序列。而從「將來」為「現在」去蔽的
意義上，「將來」又是「現在」的當下闡釋。因此，一方面我們要背負現在、
面向將來朝前走，把現在引向將來，這保持了歷史時間的連續性；另一方面
我們又是面對現在、背靠將來逆行反思現在，這體現了歷史時間的反觀性，
這正如魯迅所指出的：「將來是現在的將來，於現在有意義，才於將來會有意
義。」〔註8〕他的《故鄉》結尾就表達了這樣的時間觀念：

　　　　我想：希望是本無所謂有，無所謂無的。這正如地上的路；其
　　實地上本沒有路，走的人多了，也便成了路。

將來的希望和「路」隱含在現在的行為意向和價值判斷中。《狂人日記》
對「將來」時間的期許深紮於「現在」的土壤裏，狂人振聾發聵的「救救孩
子」是建立在「沒有吃過人的孩子，或者還有」的現在沉思之上的，而「真
的人」和理想的未來憧憬則是建立在對現實的批判中的。從敵對的眼神和周
圍人的言行中狂人洞悉到了吃人的「現在」本質，因此，他多次對人說：「你

〔註7〕 茅盾：《〈玄武門之變〉序》，見吳福輝主編《二十世紀中國小說理論資料》第
　　　　3卷，北京大學出版社1997年版，第472頁。
〔註8〕 魯迅：《論「第三種人」》，《魯迅全集》第4卷，人民文學出版社1981年版，
　　　　第440頁。

們要改了，從真心改起！你們要曉得將來是容不得吃人的人，⋯⋯」「將來」與「現在」的比照在狂人心中早有思考，「將來」時間也超前地在「現在」時間中孕育並與之進行對話。在《藥》中，華老栓全家的將來的希望是一個可憐而愚昧的希望，結局只有「墳」（兒子的死去）。在最後，魯迅對「將來」作了希望的預示：在革命者夏瑜的墳上「分明有一圈紅白的花，圍著那尖圓的墳頂。」它們和劃破長空的烏鴉一起是堅忍、孤獨的將來希望的暗喻。這種暗喻是對現在庸眾不理解革命，合力為「無主名無意識殺人團」集體揮霍了革命者現實努力的一種反撥和掙扎。

「現在」為「將來」提供現實檢驗的土壤，也是「將來」當前化的一種體現。《孤獨者》中的魏連殳曾把希望寄託在孩子身上，房主的孩子們總是互相爭吵，打翻碗碟，使得人頭昏。但魏連殳一見他們：「卻不像平時那樣冷冷的了，看得比自己的性命還寶貴。」在他的觀念裏，「孩子總是好的，他們全是天真⋯⋯」可當他親眼看到街上的一個還不會走路的孩子竟拿著一片蘆葉指著他喊「殺」，又見他的堂兄帶著年幼的兒子來謀劃他那寒石山祖傳的一間破屋子時，他的希望破滅了，他深感「兒子正如老子一般」。將來的希望通過現實的檢驗，給了魏連殳致命的一擊，他在孤獨的煎熬中選擇了「死」，而敘述者「我」在孤獨的掙扎中卻依然不放棄人生道路的尋找：「我的心地就輕鬆起來，坦然地在潮濕的石路上走，月光底下。」敘述者「我」的「尋找——再尋找」與魏連殳「異樣——同化」的命運是糾葛在一起的互文性此在人生，滲透了魯迅的對社會處境與生存希望的理性思考。魯迅很少寫非「現在進行時」的活動，即使有預敘、跨敘等間接性的對「將來」的敘述，也立足於現在，或者將其轉換成「現在完成時」的將來，或者將其作為現在時間流程中的一個必然性的走向、一個組成部分，二者的既統一又矛盾所構成的是一種更突出現在的「張力」關係。

第三，將「過去」、「將來」此在化。在魯迅的一些小說中，時間消融了它的單向性，「過去」、「現在」與「將來」同處於人物的思維內，凸顯出放射狀的共時時間場態。用尚鉞的話說，就是：「他拿著往事，來說明今事，來預言未來的事」。這一看法得到了茅盾的肯定〔註9〕。《狂人日記》有三種時間系統：過去時間、現在時間和將來時間。過去的時間借助主人公的感受、聯想插進現在的時間進程中，因為二十年以前踹了古久先生的陳年流水簿子一

〔註9〕 茅盾：《魯迅論》，《小說月報》1927 年，第 18 卷，第 11 號。

腳，所以路上的人同「我」作對；從大哥所講的「易子而食」和「食肉寢皮」中，感覺出「他講道理的時候，不但脣邊抹著人油，而且心裏裝滿著吃人的意思」，這些都有力地說明了歷史的吃人本質。這種歷史本質在狂人看來依然在現在時間和將來時間裏延續。因此，魯迅對歷來慣了的時間本質提出了尖銳的質詢：「從來如此，便對麼？」。《傷逝》的故事，是敘述者「我」通過回憶往事來敘述的。因此，它的敘述聲音和敘述視角，就包含了兩個時空的「我」：一個是過去正在經歷事件的「我」，另一個是眼下回憶往事的「我」。第一人稱經驗敘述中這種自我的雙重性質，由於存在敘述者時間、經驗和狀態的差異，其敘述所表達的豐富含義，是任何單一視角都難以達到的。這種雙重視角始終圍繞著「將來」和「希望」展開論述，子君毅然離開舊家庭，敘述者「我」感到「在不遠的將來，便要看見輝煌的曙色的。」當涓生失去局裏的工作時，子君依然有所希冀：「說做，就做罷！來開一條新的路！」當生活墮入庸常，「我覺得新的希望就只在我們的分離」，「新的路的開闢，新的生活的再造爲的是免得一同滅亡。」然而，這些期望既沒能救子君又沒能救涓生自己。回憶中的「我」和正在敘述故事的「我」和一個總在尋找和體驗希望的潛在的「我」三位一體，構成了文本多聲部的複調時態。《故鄉》中同樣有「過去」、「現在」、「將來」三種時態的並置，開篇以「我」對故鄉的全景式俯瞰起筆，體現的是現實世界的蕭瑟、荒涼，調子是灰色的。這個故鄉於「我」來說，是非常陌生的，就是異鄉的感覺。「我」全景式俯瞰的視角也是一種尋找的姿態，在尋找「我」記憶中故鄉的美好之處。但是，破敗的現在故鄉場景打碎了「我」的美好記憶，「我的心禁不住悲涼起來了」。然後筆鋒一轉，寫少年閏土時代的美好神異的圖畫，而當現實的閏土出現在我面前，他的一聲「老爺」在兩人之間樹起一層可悲的厚障壁了，過去的情景和現在的情景有太大的差別，最殘忍的是「我們的後輩還是一氣，宏兒不是正在想水生麼」。這是對將來的一種似乎看得見的預設。這種過去的美好的記憶和現在、將來的分裂性都指涉現在時間的敘述者「我」，指向現在境域中的個體存在。

　　綜上所述，「過去」和「將來」都指向「現在」，以「現在」爲核心，「過去」和「未來」共時混雜，形成了互文參照和交融的時間場態，時間點讓位於時間場。「時間點」和「時間場」是胡塞爾關於時間知覺的重要概念，他認爲有兩種時間知覺，一種是原初印象，直指時間點，另一種是包括了原初印

象和持留、預存在內的對時間場的知覺，它是一個域。它們共同構成一個「活
的現在」〔註 10〕。在時間知覺的「持留」和「預存」中，變化的時間經驗被
共時的現在場域所遺忘，現實的存在爲過去、將來時間所混雜和疊加。這種
時間場態是魯迅主體精神的體驗和心理思維，既不是在時間上逃到過去的懷
舊心理，也不是在空間上超越現實虛設一個未來世界以逃避現實的壓迫，而
是一種具有現代品質的歷史時間沉思。

三、現代性：「現在」時間的綻出

　　「五四」是一個發現「人」的時代，也是一個發現「時間」的時代。新
的時間意識是建構在對舊的時間意識的揚棄和重構基礎之上的。就魯迅的小
說而論，他批判了舊的時間意識。在中國傳統的思想意識中，「過去」是屬於
帝王將相、達官貴人的，是應襲的思想基石，也是「復古」和「篤故」者們
津津樂道的精神依據；而「將來」時間是「神」許諾的未來前路，爲了消弭
痛苦和不幸，可以進行超脫現實的廉價想像。強調過去時間的「聖賢之治」
和將來時間的「黃金世界」都是對「現在」時間的人生困境的逃逸，因爲「過
去」時間和「將來」時間的不在場性，很容易爲怯懦者提供時間歸所。魯迅
的《人與時》中就有兩類人對「過去」時間或「將來」時間非常仰慕：「一人
說，將來勝過現在。／一人說，現在遠不及從前。」魯迅站在現在時間的立
場對此進行了駁斥：「你們都侮辱我的現在。」〔註 11〕他把自己的時間意識定
格在「現在」，他大聲疾呼：「仰慕往古的，回往古去罷！想出世的，快出世
罷！想上天的，快上天去罷！靈魂要離開肉體的，趕快離開罷！」〔註 12〕因
此，魯迅的新的時間意識的獲致來源於對「過去」時間和「將來」時間的重
估和理性沉思。

　　首先，對「過去」時間進行重估，揭掉了受蔽的「過去」的光環。魯迅
認爲「心神所注，遼遠在於唐虞」〔註 13〕的「復古」文化心理無疑會給「過
去」塗上一層難以超越的「光環」，也與「進化」的史實相違背。因次，在《故
事新編》中，他有意將過去的聖人、英雄、神仙置身於世俗的現在社會中，

〔註 10〕 吳國盛：《時間的觀念》，中國社會科學出版社 1996 年版，第 241 頁。
〔註 11〕 魯迅：《人與時》，《魯迅全集》第 7 卷，人民文學出版社 1981 年版，第 33 頁。
〔註 12〕 魯迅：《雜感》，《魯迅全集》第 3 卷，人民文學出版社 1981 年版，第 49 頁。
〔註 13〕 魯迅：《摩羅詩力說》，《魯迅全集》第 1 卷，人民文學出版社 1981 年版，第
　　　　67 頁。

他們無一例外地陷入日常煩瑣的困窘中，其中維持生計的「食物」遍及所有的文本，諸如「烏鴉炸醬麵」、「雞湯」、「炊餅」、「窩窩頭」、「大蔥」、「辣椒醬」、「辣子雞」、「饅頭」、「麵包」、「臘鵝」、「鹽漬藜藿乾」、「白糖」、「南棗」等。歷史上的聖人、英雄和神仙被降格為普通的凡人，這就拉近了與現在的距離，在他們身上我們容易發現魯迅所批判的「國民性」。他的啓蒙主題在這些古代人物身上也有表徵：《鑄劍》中，萬人空巷瞻仰「大出喪」場面的看客、乾癟臉少年扭住眉間尺（文化反抗者）的衣領，糾纏不清；《奔月》中，嫦娥耽溺於物質世界的世俗根性、作為啓蒙和災難解救者的后羿遭到黑母雞主人的糾纏以及弟子逢蒙暗殺；《非攻》中的墨子在成功游說楚國不再攻打宋國之後的回鄉路上，先是被宋國募捐救國隊募去了破包袱，又在避雨時被宋國巡兵趕開了，為此鼻塞了很久；《起死》中的莊子使骷髏還原為壯漢，然而他的拯救卻給他帶來了被壯漢糾纏不休的大麻煩。這些情景何嘗不是魯迅筆下常見的文化啓蒙者和庸眾之間的對立。以上揭示了一個道理：我們不能盲目地迷信歷史，應看到歷史的本真形態，歷史意識的領悟不但要理解過去的過去性，更為重要的是要理解過去的現存性。過往的歷史沿著時間之維和「現在」構成潛在的連鎖關係，或者說，「過去」是「現在」的規約、借鑒和暗喻。

其次，對「將來」時間進行理性沉思，否定了廉價的「將來」期許。在魯迅看來，「將來」不是所謂的「黃金世界」，在《頭髮的故事》中，N先生借阿爾志跋綏夫的話發問：「你們將黃金世界的出現豫約給這些人們的子孫了，但有什麼給這些人們自己呢？」在《影的告別》中，魯迅的態度很明確：「有我所不樂意的在你們將來的黃金世界裏，我不願去。」同時，「將來」也有可能會重複和再現現在：「民國元年已經過去，無可追蹤了，但此後倘再有改革，我相信還會有阿Q似的革命黨出現。我也很願意如人們所說，我只寫出了現在以前的或一時期，但我還恐怕我所看見的並非現代的前身，而是其後，或者竟是二三十年之後。」〔註14〕「將來」絕不是「現在」的遁居之所，對「將來」時間的期許和建構必須深紮於現在和歷史的土壤裏，正如他說的：「以過去和現在的鐵鑄一般的事實來測將來，洞若觀火！」〔註15〕。而超越現實語境的幼稚性和簡單化的設想是不符合歷史辯證法的，《狂人日記》中「我」患

〔註14〕 魯迅：《〈阿Q正傳〉的成因》，《魯迅全集》第3卷，人民文學出版社1981年版，第379頁。

〔註15〕 魯迅：《〈守常全集〉題記》，《魯迅全集》第4卷，人民文學出版社1981年版，第525頁。

病時發出的「救救孩子」、「眞的人」理想的未來期許與病癒後赴某地候補（退回到過去）形成了相互嘲弄與顛覆、消解的時間反諷結構，這種處理體現了魯迅對待「將來」時間的嚴肅性和深沉性，而這種考慮是建立在對「過去」、「現在」時間的歷史沉思之上的。在這裡，我們不是說魯迅是一個時間的絕望主義者，相反，他對「將來」的絕望體驗也是他與黑暗空間戰爭到底的心理動因。

「時間」與現代性是有關聯的，法國學者伊夫・瓦岱曾經說過：「從定義上而言，現代性的價值表現在它與時間的關係上。它首先是一種新的時間意識，一種新的感受和思考時間價值的方式。」〔註16〕個人時間意識的覺醒是這個新時代的現代品質的突出表現。魯迅執著於「現在」，克服「過去」和「將來」的先入之見，將「過去」和「將來」作爲對「現在」闡釋的一種背景，既不把「過去」凝固化和神聖化，也不等同於對「將來」任意地必然化與美化。「過去」與「將來」作爲一種心理體驗而被收歸於「現在」這一時域之中，作爲自然時間意義上的「過去」與「將來」都被抽出了內容，也就是說不再是一個實體性存在，僅僅代表著一種藉以窺視和預測事物和現象規律的參照性時域。這種「現在」時間意識對空間的交互作用同樣是重要的：

第一，通過有意壓縮和模糊「現在」時間的刻度來追求時間的寬度和廣度，以展現超越時間的空間容量。在「現在時間」的周圍可以聚集「過去」時間和「將來」時間，不再是單一的日常時間卡宰情節衍變。因此，價值體系、社會本質、文化心理等問題從這種多維的時間場態的裂隙中生發出來了，而這種處理恰恰能將外在空間在相同時間內所呈現的千姿百態的交際網絡、生活內容、價值取向等闊大內容彌散出去。

第二，時序的共在和並存導致時間跨度的增大，因而時間在歷史永恒中呈現的空間屬性就更闊大，歷史本身的規律性的思索就能很好地展現。在歷史的永恒空間裏，「過去」、「現在」、「將來」共時在場，空間按自己的多維狀態，按自己的規律書寫著事物的時序航程，這種空間化了的時間觀念背後，潛伏著的歷史奧秘容易表露出來。

按海德格爾「時間性的綻出」的觀點，時間性是源始的、自在自爲的「出離自身」本身。闡述的就是將來、曾在與當前的「向自身」、「回到」、「讓照

─────────────

〔註16〕伊夫・瓦岱：《文學與現代性》，田慶生譯，北京大學出版社 2001 年版，第 42～43 頁。

面」的現象性質〔註17〕。無疑，這種時間意識既具有個人性的本體特點又具有現代性的品格。美國學者馬泰・卡林內斯庫認為，現代性「是一個時間／歷史概念，我們用它來指在獨一無二的歷史現時性中對於現時的理解，也就是說，在把現時同過去及其各種殘餘或幸存物區別開來的那些特性中去理解它，在現時對未來的種種允諾中去理解它——在現時允許我們或對或錯地去猜測未來及其趨勢、求索與發現的可能性中去理解它。」〔註18〕面對外界空間的疏離和圍剿，魯迅用時間來突圍和自救。通過對「過去」的回到之行和「將來」的先行決斷，「現在」統一「過去」與「將來」，「現在」是「過去」和「將來」的過渡，這有利於我們理解他的「歷史中間物」觀念的真實內蘊。魯迅的小說從瞬間中提取永恒，從非固定、開放的時間結構和充滿問題性、未完結性的歷史意蘊中生成一種深刻的現代精神，成為中國現代社會的隱喻和寓言。這種「現在」的時間哲學是一種全新的時間意識，是「個人時間」發現和覺醒的現代性標誌，是符合自身邏輯系統的對「主觀時間」的綻出和確信，突出體現了魯迅所把握到的 20 世紀中國獨特的現代美學品質。

（原載《魯迅研究月刊》2010 年第 10 期）

〔註17〕 海德格爾：《存在與時間》，陳嘉映、王慶節譯，北京三聯書店 2006 年版，第 375 頁。

〔註18〕 馬泰・卡林內斯庫：《現代性的五副面孔》，顧愛彬、李瑞華譯，商務印書館 2002 年版，第 336～337 頁。

魯迅啓蒙觀的轉變：從《祝福》說起

　　啓蒙主義是五四新文化運動和文學革命時期的主導思想，對於中國社會的現代轉型發揮過重大的作用，但它自身也存在明顯的歷史局限性。這個局限性，就是它無法獨自解決中國現代的基本社會問題，更具體地說，就是它無法通過啓蒙的手段實現啓蒙的目標——讓不覺悟的民眾覺悟，獲得人的自覺意識。作爲一個清醒的啓蒙主義思想家、文學家，魯迅對自己曾經堅信的啓蒙主義在 20 年代末進行了深刻的反思，但他有沒有在此前的小說創作中對此表示某種懷疑呢？我以爲，答案是肯定的，一個典型的例子就是《祝福》。

　　　　　　　　　　　　　　　．

　　《祝福》的主題涉及到啓蒙與被啓蒙的關係。魯迅在小說中設計了一個作爲啓蒙者的知識分子的「我」，同時又設置了一個最爲普通的被啓蒙對象祥林嫂。像這樣作爲啓蒙者的知識分子與被啓蒙者的愚昧民眾同時在場，在魯迅小說中是不多見的。此前只有《藥》和《故鄉》同時寫到了啓蒙者與被啓蒙者，但是《藥》裏的夏瑜在對紅眼睛阿義們宣傳大清國是我們大家的時候，他對自己的啓蒙主義觀念仍懷著堅定的信心，雖然他在事實上遭到了失敗。這表明魯迅當時思考的重點不是關於啓蒙是否有效的問題，而是落在啓蒙者與被啓蒙者的相互隔閡的問題上，在他看來是這種隔閡造成了啓蒙者與被啓蒙者的不能互相呼應，最後導致了辛亥革命的令人失望的結局。而《故鄉》裏的「我」和農民潤土，雖然也是一般意義上的啓蒙與被啓蒙的關係，但作品更多的是一種情感的觀照，表現了「我」對故鄉、童年和朋友的一種複雜感情，沒有更多地思考啓蒙主義觀念和立場本身的問題。《祝福》，則明顯地

不同了。《祝福》中的「我」，雖然也是知識分子，一個啓蒙主義者，但他的啓蒙主義者的身份已經變得模糊和曖昧。小說寫道，「我」是在年底祝福的熱鬧氣象中來到故鄉魯鎮的，暫時寄住在四叔家，但「我」與四叔的「談話是總不投機」，家家戶戶都在忙著準備過年的熱鬧又似乎變得與「我」毫不相干，「我」在自己的故鄉反而成了一個「局外人」。這裡，作爲知識分子的「我」已經喪失了一個啓蒙主義者的精神優勢，不再擁有《藥》裏的夏瑜和《故鄉》裏的「我」所擁有那種優勢的話語權，與普通的民眾不再是一種我說你聽、我啓你蒙的關係，而是自己也帶著許多疑惑的思考者，而且他的思考沒有結果，最終選擇的是逃避：「無論如何，我明天決計要走了」。

在小說中，表明作爲啓蒙者「我」神聖光環消失的最好的例子，是「我」無法回答祥林嫂提出的關於人死後靈魂有無的問題。不識字的祥林嫂對讀書人懷著近乎原始崇拜的心態，因而問「我」人死後有沒有靈魂，想從「我」口裏得到一個確切的答覆，以免除她死後在陰曹地府被兩個男人分身的恐懼。這原本是一個最能顯示啓蒙知識分子話語優勢的場合，可恰恰就在這時暴露了啓蒙者的最大尷尬，因爲「我」無法回答這個問題：「也許有罷，——我想。」「究竟有沒有魂靈，我也說不清。」他的吞吞吐吐，也許是基於人道主義的同情，爲的避免增添末路人的苦惱：「爲她起見，不如說有罷」，雖然「對於靈魂的有無，我自己是向來毫不介意的」，但這卻實實在在地暴露了啓蒙主義的局限所在。這個局限有兩層意思，一是理性本身的限度，二是理性在中國缺乏民眾的基礎。

先說理性本身的限度。啓蒙主義所推崇的理性，最根本的是人的一種獨立思考的能力，它是建立在人本主義信仰基礎上的，相信人可以通過理性的思考，解決人自身所面臨的問題。推崇理性，高揚人的獨立思考能力，實際上是把原來由神（上帝）所把持的制訂眞理標準的權力交還給了人，讓人可以自己發現眞理，並找到發現眞理的途徑。這對於把人從上帝（教會）的束縛中解放出來、獲得自身的主體地位並由此推動社會進步起到了非常重大的作用。可是人的理性又是有限度的，他的獨立思考只是提供了一種發現眞理的可能性，並不能保證一定可以獲得眞理。獨立思考能不能發現眞理，解決人自身所面臨的問題，要受許多條件的限制，比如知識水平的高低、思維能力的強弱、主觀意圖是否符合客觀實際、思維的方式符不符合正確的規則等，這些因素都會影響人對對象的掌握程度，都會影響理性的有效性。再就是，

知識本身也不是絕對可靠的。人所掌握的知識只是人到此時為止對對象的一種認知，它不僅不是對對象的全面的掌握，甚至也不能說是對對象在目前狀態中的完全正確的掌握。至於價值的問題，則更是超出了知識的力量範圍，是知識所無法解決的。正因為人發現了知識的不可靠性和知識力量的限度，所以後來產生了懷疑主義的哲學派別，改變了堅信知識可以改變世界的盲目樂觀的經驗主義傳統，從而超越了啓蒙主義的歷史階段。《祝福》中的「我」已經意識到了知識的作用和適用的範圍有限，意識到人的理性存在限度，就像「我」所說的，「這時我已知道自己也還是完全一個愚人，什麼躊躇，什麼計劃，都擋不住三句問」，這就難怪他在回答祥林嫂的問題時，顯得底氣不足，並且要「乘她不再緊接著問」時匆匆逃離了。

　　再說理性在中國缺乏民眾的基礎。雖然啓蒙主義推崇的理性有其現實的限度，但在西方個人主義傳統久遠、教學較為普及的條件下，啓蒙主義仍擁有深厚的群眾基礎，在相當長的一個歷史時期裏成為社會的主流思想。但中國的情況非常不同。中國長期的封建統治造成了士大夫階層思想的僵化，教育水平的普遍落後又使得一般民眾的理解力和接受力十分有限。無論是封建士大夫還是一般的民眾，都很難被啓蒙主義的理性說教打動，就像《祝福》中的魯四老爺總是把「我」看作異類，彼此很難達成共識，又像祥林嫂永遠也不可能接受「我」的啓蒙，她所關心的死後靈魂的有無，並非是對人的存在問題的思考，而僅僅是在迷信觀念的影響下擔心死後的令人恐怖的命運。這使得在西方普遍有效的啓蒙主義到了中國在相當大的範圍裏失去了有效性，很少能得到來自傳統知識分子和一般民眾的響應，所以少數首先覺悟的知識分子就難以避免不被民眾理解的孤獨命運。當然，這不是說啓蒙主義在中國完全無效，相反，它在五四新文化運動中是精英知識分子所信奉的理念，以啓蒙主義理念為核心的中國現代思想革命推進了對中國傳統文化的現代化改造。這裏所說的缺乏普遍有效性，主要是指啓蒙主義對啓蒙的對象缺乏有效性。啓蒙的對象或者因為觀念的根本對立，或者因為缺少最起碼的知識基礎，不可能與啓蒙主義者的理念溝通和交流，更談不上引起共鳴，所以啓蒙主義在中國很難實現它自身所設定的啓蒙民眾的目標。不過退一步說，如果藉以時日，通過逐步地普及教育，提高一般民眾的文化水平，本來也是可以讓他們慢慢接受啓蒙主義觀念的，但這要一個相當長期的過程，在中國當時的社會動亂的條件下又是不可能等到的。所以，要在中國實現啓蒙主義的理

想，最終只剩下一種可能的方式了，那就是走社會革命與思想啓蒙交替進行的道路。在啓蒙話語普遍失效的情況下，首先通過社會革命的方式把被啓蒙的主要對象——底層的不覺悟的民眾組織起來。具體地說，就是用一些能夠被這些不覺悟民眾看得到並被理解的方式，如把地主的土地財產沒收分給他們，使他們本能地感覺到這一場革命對他們有利從而擁護這一場革命，通過這樣的方式把他們動員起來，就像阿 Q 本來並不理解辛亥革命，可是當他看到辛亥革命後趙太爺、錢太爺之流改變了對他的態度，他本能地感覺到他所夢想的分財產、討老婆的目標能夠實現時，他就改變了對辛亥革命的態度，想去投降「革命」。當這些不覺悟的民眾在並不眞正理解革命的眞實意義的時候受物質利益的驅動而被動員起來時，實際上就邁出了歷史性的一步，爲進一步的思想改造奠定了物質性基礎，也即他們有了在社會革命提高了他們的社會地位和文化水平後通過思想教育從而開始眞正的自我覺悟的可能性。換言之，不覺悟的民眾只有在組織起來進行社會革命後才可能改變自己的社會地位，才可能享有基本的文化權利，才可能進行進一步的思想教育，從而實現啓蒙主義所追求卻無法通過啓蒙的手段實現的目標。這當然也意味著，不覺悟的民眾通過直接的利益再分配被組織起來時其思想依然處在不覺悟的狀態中，所以組織起來進行社會革命以後依然需要進行人的啓蒙教育。這樣，啓蒙——社會革命——再啓蒙——再進行社會革命，便成了中國社會現代化的一個基本模式。這一模式體現在魯迅思想的發展上，就是魯迅在上個世紀20 年代末經過痛苦的反思最終從啓蒙主義的立場轉變到了社會革命的立場，與左翼陣營結成了聯盟。這個思想變化的重要原因之一，就是於魯迅意識到了啓蒙主義無法實現自己的目標，而這個目標在中國的條件下可以通過社會革命的途徑來迂迴地實現，如他在 20 年代末說的，文學革命不可能把孫傳芳趕走，但大炮卻把孫傳芳轟下了臺。但這也表明，只要是眞正堅持啓蒙主義理想的思想家和革命家，在中國的條件下依照啓蒙主義的內在邏輯，是會改變自己的立場，轉向社會革命的。魯迅正是通過這樣的思想邏輯最終改變了自己的立場，成爲左翼文化運動的精神領袖。

二

　　魯迅是基於啓蒙主義的目標而走上創作道路的，一部《吶喊》，就是他實踐國民性改造的啓蒙主義藝術成果。可是到了《祝福》，忽然傳達出了他對啓

蒙主義的懷疑態度，這的確是一個重大的變化。這一變化反映的其實是一個時代潮流的轉向。五四高潮過去後，啓蒙主義並沒有發揮如原來所預期的作用，其結果是新文化陣營發生了分化，一部分人向左的方向轉變，成為更為激進的社會革命論者，一部分人對啓蒙主義感到失望，認為以前的所作所為全是發昏，以後就只談草木蟲魚，還有一小部分人雖然對啓蒙主義感到失望，但也不主張絕望，在默默地探索新的出路。魯迅就是這後一類人的代表，「兩間餘一卒，荷戟獨彷徨」是他這一時期的精神狀態，「絕望之為虛妄，正與希望相同」是他這一時期反抗絕望的內心信念。他正處於從前期的對啓蒙主義充滿信心到後期揚棄啓蒙主義而轉向社會革命論者的過渡階段。《祝福》中的「我」所遭遇的尷尬，正是魯迅這一時期思想變化的藝術反映。

這一變化對於魯迅來說是歷史性的，它必然要反映到藝術表現的一些方面，如藝術的構思、表現的手法等。在《吶喊》中，魯迅基本上是以隱含作者的身份展開啓蒙主義式的思想文化批判的，這種批判是理直氣壯、入木三分、淋漓盡致的，表現出來的是對啓蒙主義思想文化批判的信心和期待。但在《祝福》中，魯迅把啓蒙者與啓蒙對象並置起來，意味著隱含作者對故事的講敘者「我」和講敘者「我」視野中的對象，包括祥林嫂在內的所有魯鎮人，進行了雙重的批判。後一重批判體現了魯迅小說的最為重要的思想藝術成就，是我們非常熟悉的反封建的思想批判（對魯四老爺所代表的封建禮教的批判與對柳媽、祥林嫂等低層愚昧民眾的批判在性質上有重大的區別。對魯四老爺的批判不留情面，對柳媽、祥林嫂等低層愚昧民眾的批判帶有「哀其不幸，怒其不爭」的意味），而前一重批判，即隱含作者對故事的講敘者「我」的批判，是我們以前有所忽視的，就其性質而言，是知識分子的自我批判，更為確切地說，是已經改變了對啓蒙主義態度的隱含作者魯迅對已經感受到啓蒙主義尷尬地位、正在思考新的精神出路但還沒有找到明確方向的知識分子的批判。這種批判就帶有魯迅對知識分子啓蒙立場（包括他自己）的反思的性質。

對知識分子和普通民眾的雙重批判產生了另外一種特殊的藝術效果，那就是把兩者共同置於魯四老爺為代表的封建禮教的對立面，突出了他們同為「謬種」的身份。祥林嫂被魯四老爺斥為謬種，是因為她死得不是時候：不早不遲，偏偏死在家家戶戶都在熱鬧地迎接新年的時候，讓人掃興，在魯四老爺看來甚至有點可惡：寡婦再嫁已經犯了大忌，現在又趕在這個時候死

了，可見從來就不是個好東西。不僅如此，在魯鎮，從理學先生魯四老爺到低層的民眾，都確信地獄是存在的，而祥林嫂竟然還要執拗地向別人詢問地獄的有無，這簡直是在向整個魯鎮、向普遍的共識挑戰了，更見其是一個謬種無疑。「我」的被視為「謬種」，則是因為「我」是一個新黨，在「年年如此，家家如此」的魯鎮，「我」的貿然闖入，打破了死氣沉沉的習慣和平靜，所以同樣難逃「謬種」的嫌疑。具有啟蒙意識的現代知識分子和愚昧無知的農村婦女竟然同為謬種，兩個異類（一個是覺醒了的叛逆者，一個是不覺悟民眾中的絕望者）有了相似的命運，很自然地產生了一種深刻的荒誕感。

這種荒誕感其實主要源自「我」與一般民眾之間相對地位的變化──「我」不是向上提升，提升到更高的知識水平和更具權威的社會地位，而是向下墜落，向一般民眾的身份下降，拉近了與原本啟蒙對象祥林嫂的距離，失去了原先我啟蒙你蒙的優勢話語地位。這使得他的啟蒙者身份有點名實難副，由此名不副實的尷尬情景產生了喜劇性的滑稽效果。喜劇本是作者俯視人生所得的感觀，其審美的對象具有平凡性的特點，而作者的心態則需要一種「眾生可憐」的慈悲。魯迅在《祝福》中醞釀了某種喜劇性的因素，對啟蒙主義者的「我」也產生了一種慈悲心情，發現了人的可憐，人的力量的有限，放棄了早先的理想主義和樂觀主義的歷史觀，根本原因就是他此時已對早先所執著的啟蒙主義產生了懷疑，覺得那只是一種烏托邦的幻想罷了。

產生這種喜劇性的滑稽效果的例子，在《祝福》中並不少見。如「我」在聽到祥林嫂死訊後雖然經過短暫的思想鬥爭，感到自己對這個女人的死有推卸不掉的干係，可是忐忑不安的心情僅僅維持了不到一天，就想到城裏價廉物美不可不吃的福興樓的魚翅了。這是「我」在無奈中所採取的自我調侃的態度，其本意僅僅是試圖沖淡心中的尷尬罷了。與《吶喊》中隱含作者的嚴肅認真地執著啟蒙理想那種我不下地獄誰下地獄的悲壯相比，忘不了城裏美味的魚翅的「我」的形象更具平凡性，表明魯迅已改變了對啟蒙主義者的態度，也即他已經不再打算讓這樣的啟蒙知識分子承擔他原先打算讓其承擔的啟蒙的歷史使命，更確切地說，是魯迅已經意識到這樣的啟蒙主義知識分子承擔不了這樣的歷史使命。顯然，這非常符合魯迅在失去了對啟蒙主義的信心後的心境。

不過拉近啟蒙者與被啟蒙對象的距離，也產生了一種意外的效果，那就是作品的重心已經不是對被啟蒙對象的思想批判，而是對被啟蒙對象的現實

處境的更爲深切的同情。「我」既不能回答祥林嫂關於靈魂有無的問題，又不能幫助她逃離悲劇的命運，這種無奈而尷尬的處境在傳遞了啓蒙知識分子的神聖光環消失的同時，也突出了祥林嫂命運的悲慘。而同爲「謬種」的遭遇，又加強了「我」和祥林嫂與共同的對立面、以魯四老爺爲代表的封建勢力的衝突，從而反過來強化了對封建禮教的批判。

從《吶喊》到《彷徨》，魯迅的小說有一個風格變化的過程，《祝福》正好是風格變化的一個轉折點。《吶喊》中的作品風格峻急，是與魯迅對啓蒙主義的信心以及對啓蒙運動的熱切期待相關的。《彷徨》的技巧更爲圓熟，但熱情開始冷卻，《祝福》就包含了啓蒙主義熱情開始冷卻的跡象。由於降低了對啓蒙主義的期待，魯迅不再讓現代知識分子以全知全能的姿態批判民眾的愚昧落後，相反，他以較爲平和的心態看到了現代知識分子的弱點，並對其進行揶揄和調侃，給作品增添了一點幽默的效果。這種變化的重要意義則在於，它實際上開啓了魯迅創作的新方向，即從啓蒙的思路轉向對知識分子的局限性的反思。《彷徨》中的《在酒樓上》、《孤獨者》、《傷逝》等作品，重點已經不是對普通民眾的思想批判，而是對知識分子的弱點的批判，這一切就都源自《祝福》，源自在《祝福》中對「我」的批判以及對啓蒙主義和啓蒙主義者的深刻反思。由這種批判與反思，魯迅最終接受了社會革命的學說，找到了社會革命的道路。

（原載《南京師範大學文學院學報》2007 年第 4 期）

寂寞的守望：
消費時代的魯迅和魯迅研究

　　魯迅是一個戰士，他拒絕平凡。五四文學革命發動，魯迅秉承思想啓蒙的宗旨，以文學形式批判國民劣根性，激起同時代知識分子的強烈共鳴。30年代，魯迅參加了左翼文學運動，成了戰鬥的左翼文學的一面旗幟。40年代以後，魯迅的成就逐漸被從他與中國新民主主義革命的重大關係方面來闡釋，這提高了魯迅在中國現代文學史和中國現代思想史上的地位，同時也加強了中國共產黨執政後意識形態的歷史正當性。而在新時期思想解放潮流中，一些魯迅研究者提出回歸五四，開始強調魯迅與中國現代思想革命的關係，其成果顛覆了此前佔據主導地位的從魯迅與政治革命的關係來思考問題的研究模式，打破了教條主義對人們思想的束縛，有力地推動了思想解放運動的展開。上述歷程說明，「魯迅」與20世紀中國的重大問題密切相連，魯迅研究成為一門顯學，深刻地影響了中國現代思想史、乃至中國現代社會歷史的進程。

一、世俗時尚中「魯迅」遭遇了寂寞

　　進入20世紀90年代，中國社會告別了激進革命的傳統，轉向了一個以市場改革爲導向的追求經濟利益、同時又尊重人的合理欲望的消費型社會發展階段。這個新的社會階段，原來決定魯迅成爲一個卡里斯瑪典型的文學環境已基本不再存在，「魯迅」遭遇了寂寞。

　　經歷了改革開放以來經濟的高速發展，中國社會積累起了相當的財富，

形成了日益龐大的富裕階層。這個階層的成員按市場的規則來經營實業，同時在日常生活中享受他們所獲得的財富，這使他們遠離了理想主義，辦事和考慮問題都特別講究實際。這些人中的大多數現在所關心的就是怎樣掙錢，怎樣消費，怎樣用財富提高自己的社會地位，顯耀自己取得的成就。即使有煩惱，那也是非常世俗化的煩惱。而國家的管理方式隨著經濟改革的深入所做的變革，則提供了較為寬鬆的環境，允許他們在法律許可的範圍內實現其個人的欲望，而不再像從前那樣以革命的名義來進行政治監管或道德規訓。這一階層中的成員大多數具有高學歷的背景，換成以前思想啟蒙的時代，他們很可能成為魯迅精神的追隨者，但現在他們卻很少會與魯迅的精神世界接近了。魯迅作品揭露封建禮教「吃人」，涉及的是民族的痛苦經驗，拷問的是人的靈魂。他要求讀者不僅要反思歷史，而且要反思自身對「吃人」歷史所要承擔的一分責任。這些非常沉重的話題，在革命時期曾引起許多進步知識分子對中國命運的憂思，在今天卻不容易引起這些富裕階層的興趣了。因為這與他們的事業無關，更重要的是一旦進入這樣的思考，享受生活的樂趣會大打折扣，甚至因為要拷問到靈魂，會讓自己處於十分尷尬的境地的。

　　一般民眾現在也已解決了溫飽問題，正在為改善生活而忙碌。當人們為致富而忙碌時，「魯迅」是幫不上忙的。這些人大多接受過良好的教學，在操勞之餘也要尋找一點消遣。如果在以前，他們也許會去讀一點文學作品，可是現在不同了——現在有了更富誘惑力的消費選擇。走進電影院，聲光電技術製造了身臨其境的震撼，讓你暫時忘卻生活中的煩惱。電視裏有許多時尚節目，像幸運 52、玫瑰之約、非常男女、超女快男、為愛向前衝……，讓你沉浸在狂歡中。瀟灑一點的，可以用 mp3、mp4 聽聽流行歌曲，得半日清閒。前衛一點的，就上網打遊戲，在虛擬世界中打鬥拼殺，直呼過癮。即使是網絡聊天，也充滿巨大的誘惑：你可以說一些現實中不能說、不敢說的大話、粗放、假話，有了全新的體驗。總之，由現代高科技支持的新媒體，在極大地拓展了人們精神生活領域的同時，也助長了低俗之風，嚴重威脅到了傳統意義上的文學作品的市場佔有份額。文學越來越處於邊緣的位置，作為文學家的魯迅能夠幸免嗎？

　　或許有人會說，今天通俗文學不是正大行其道嗎？其實這絲毫不會改善「魯迅」的境遇。通俗文學與傳統文化保持較為密切的聯繫，它貼近普通民眾的消遣需要，不承擔思想教化和社會批判的角色，因而雖在五四時期受到

新文學的打壓，但它深得市民的青睞，一直在民間流行。到上個世紀 80 年代，香港的通俗小說開始在大陸走俏，帶動了大陸的通俗文學創作。影響所及，大陸的學術界也調整了文學的審美標準，把通俗文學接納進了大學的殿堂。通俗文學重新佔據文壇重要地位，這說明中國社會變得更加寬容了，可以接受娛樂性的東西，但同時文學的社會功能也發生了重要變化，即從以前的強調文學的認識作用、教化作用，到現在更多地強調文學的娛樂作用。一般民眾今天閱讀通俗作品，顯然不是爲了從作品中尋找人生的意義和思想的啓迪，也不是爲了尋找解決中國社會現實問題的方法和途徑，而是爲了比較單純的娛樂目的。在這樣一個爲了娛樂可以放逐意義、甚至解構崇高的時尙中，「魯迅」顯然被邊緣化了，他作爲一個精英知識分子的代表與一般讀者的距離明顯地拉大。

當然，在消費時代，魯迅也是會有知音的。因爲魯迅不僅屬於他的時代，也是超越時代的。魯迅對底層民眾的大愛，他的有擔當的偉大愛國主義，他在絕望中進行不屈抗爭的堅韌精神，在知識界已經昇華爲一種文化符碼，爲那些有志於超越平凡、不滿足於物質享受而去追求更高的人生目標的人提供精神動力，鼓舞他們去爲祖國和民族的前途奮鬥，在爲人類的正義事業中實現自我的價值。不過，這樣的人在今天肯定是少數。而一般研究魯迅的學者，則主要是出於一種學術的使命和求知的熱情。他們是專家，長期致力於研究魯迅，探討魯迅與社會歷史的關係，探視魯迅的內心世界，釐清魯迅研究中的各種問題，他們把學術上的發現視爲自己的至關重要的成就。上述兩種情況無論哪一種，都是個人化的，與大多數人沒有多大關係。理想主義者熱愛魯迅，是出於自身的精神需要。專家的研究魯迅，雖有崇敬的因素在內，但從更爲普通的意義上說，只是一種職業行爲。他們的意見，只能代表個人，不可能再像從前那樣代表主流意識形態影響到整個社會了。

魯迅研究，一個時期影響之所以大，主要不是因爲魯迅，而是政治的因素。在思想高度統一、不允許獨立思考的年代，知識分子談社會問題，就常拿魯迅說事，圍繞魯迅與時代的關係做文章。無論是用魯迅來證明新民主主義學說的正確，還是證明魯迅是現代反封建思想革命的旗手，最終都是爲了證明「魯迅」以外的中國社會政治和思想命題。魯迅一生從事文化批判和思想鬥爭，與中國現代史上的一些重大事件交織在一起，人們的確很容易透過他來對歷史進行新的闡釋，從而表達一種政治和思想的觀點，參與現實的政

治鬥爭和思想鬥爭。在這樣的時代，誰掌握了魯迅研究的話語權，誰就抓住了主流意識形態，誰就在社會政治和思想領域佔據了重要的地位。連身居領袖高位的毛澤東也要涉足這一領域，他通過重新評價魯迅，肯定魯迅代表了中華民族新文化的方向，把人民政權與五四傳統聯繫起來，爲新的意識形態提供了合法性的論證，從而加強了人民政權的思想基礎。這樣來研究魯迅，當然會產生重大的社會影響。

可是在社會趨向多元化的今天，輿論環境變得比較寬鬆，個人盡可以就各種社會問題發表獨立的意見，不再需要繞彎子借道文學的領域，拿魯迅說事，因而魯迅研究不再承擔「魯迅」以外的政治規訓和道德教化的功能。魯迅研究，只與那些熱愛魯迅的人的個人內心生活聯繫在一起，或者只是那些有志於學術的研究者的一項個人事業。這後一類人，要通過研究解開一些歷史的謎團，要確立起一些他們認爲正當的價值原則。但很顯然，這些原則只對那些認爲這些原則重要的個人起作用，有的甚至只是作者一個人的意見。既然魯迅研究與現實政治問題脫離了關係，成爲學術的問題，甚至成爲作者自言自語的問題，那麼它影響社會的範圍縮小和力度下降，就是一種必然的趨勢。

況且現在社會思想活躍，各人所堅持的理念有所不同，甚至是相互衝突的。研究者完全可以按自己的標準來理解魯迅，或只關注自己感興趣的方面，從而塑造出自己的魯迅形象。不同的魯迅想像，是眞實魯迅不同側面的反映，但也可能是基於相互衝突的理念進行評價的一個結果。當魯迅研究不再從屬於政治，不再從屬於統一的意識形態，不再被用於解決重大的社會思想問題的手段時，研究過程中出現的不同意見就沒有必要、也不可能達成一致。不同觀點可以按學術民主的原則同時並存，並且把它們看作是以不同理念看魯迅的一種表現。但如此一來，魯迅研究由特殊權力所賦予的神聖性就消失了，魯迅研究的意識形態整合功能也不復存在，它對大眾生活的指導意義便隨之降低了。

更爲重要的還在於，隨著高等教學規模的擴大，社會整體文化水平已大爲提高，批評家逐漸失去了從前所擁有的作爲大眾精神嚮導的神聖光環和話語權力。如果說以前的讀者因爲文化水平不高，社會又需要依靠思想的高度統一來保證秩序與穩定，因而文學批評家實際上承擔著意識形態引導的責任，他們要告訴讀者應該如何理解一部作品的意義，如何看待一個時期裏文學的動向。這其中，當然包括要告訴讀者怎樣閱讀魯迅，怎樣從魯迅的作品

裏讀出正確的意義，從而把讀者納入到統一的國家意志中去。可是到了社會文化水平已經普遍提高的今天，絕大多數讀者完全有能力按自己的理解來閱讀魯迅，或把魯迅讀成他們所願意的樣子。即使讀者理解得不如批評家的那麼深刻，那也是他們的權利。他們完全沒有必要扭曲自己的感受和判斷來聽從批評家的意見，他們甚至可以認爲批評家的深刻也僅代表批評家自己，批評家也會受他們自身立場的限制，未必說的就是眞理。文學是個人想像的產物，讀者要怎樣來讀魯迅是個人的事。即使他們讀得不好，也是一種讀法，只要不違背基本的常識和人類的良知與正義，批評家現在沒有權利加以指責。於是，文學批評，包括魯迅研究，就不再具有以前意識形態高度統一時代所曾經享有過的權威。魯迅的偉大到底是表現在他以文學的方式配合政治革命實踐的方面，還是通過文學實踐而在思想領域舉起了啓蒙主義大旗；或者魯迅的思想轉變到底發生在何時，是由什麼因素引起的，這些都只是批評家的事，讀者在意不在意，願不願意接受，最終還要由讀者自己來選擇或判斷。

　　總之，在消費主導型的社會環境中，魯迅遭遇了寂寞，魯迅研究對社會的影響力明顯下降。但指出這一點，絕非貶低魯迅的歷史地位和魯迅研究的意義；恰恰相反，這裡的目的是要強調我們必須正視現實，在積極抵制低俗文化流行的同時，從今天的社會條件出發，把魯迅放在一個符合其自身特點的歷史位置上，深入發掘魯迅的精神內涵，更好地推進魯迅研究。

二、在守望中尋找魯迅研究的新途徑

　　文學應該回歸文學，研究只能發揮研究本來所能發揮的作用。哪怕像魯迅這樣偉大的作家，也只能在他力能及的範圍內影響讀者。不可能人人都喜歡或崇拜他，更不可能人人都來談論魯迅。因而，在一個世俗化的社會裏，魯迅遭遇寂寞，魯迅研究相比從前革命激情洋溢的年代目前正處於一個比較冷清的狀態，這是十分正常的現象。只有在非常態的革命時代，魯迅才會成爲影響整個社會思想領域的卡里斯瑪典型。認清這一點，研究者才能克服焦慮心態，不跟風、不炒作，潛心於學術——既研究魯迅在中國人民爭取民族獨立和人民自由的鬥爭中所建立的功勳，也研究魯迅越超時代的堅毅而崇高的人格，研究他反抗絕望、不向命運屈服的偉大精神。把魯迅的精神遺產發掘出來，讓後來者按各自的理解來繼承和發揚，逐漸提升國民的整體文化素

質，這才是學術研究應有的使命。認識到這一點，才會看到魯迅研究的天地原來仍是廣闊的。

那麼如何以一種正常的心態，在堅守中找到魯迅研究的新方向呢？這是個大題目，有待於學術界來共同探討。筆者在此僅談幾點粗淺的想法，目的是拋磚引玉。

第一，是回歸魯迅，實現學術研究的求真的價值。回歸魯迅，就是回到魯迅那裡去，澄清魯迅研究中由於各種外在因素干擾而造成的含混，理清魯迅與一系列歷史事件的關係，以歷史主義的觀點展示一個真實的魯迅。比如，魯迅與「左聯」的關係，魯迅與黨派政治的關係等問題，曾受到政黨政治和路線鬥爭的影響，以前許多學者在當時條件下做了帶有明顯政治傾向性的闡釋，遮蔽了一些真相。這需要做深入細緻的研究，在新的歷史條件下給出更為客觀公正的結論。當然，任何研究都不可能採取純客觀的態度，都會受到研究者既定立場和觀念的影響。回歸魯迅，照樣會受到研究者既定立場的限制，難以做到絕對的客觀。基於不同理念和立場對真實魯迅的追尋，可能得出不同、甚至是截然相反的結論。有些問題不是簡單的事實認定，而是價值判斷的問題，因而更難取得共識。但它們與求真的宗旨並不矛盾：即使達不成共識，也可以讓分歧公之於眾，由時間來做最後的評判。學術研究的宗旨，是揭示歷史的真相。只要有求真的態度和追求，總會在不斷的追尋中接近真相。對於魯迅研究而言，求真最重要的是尊重魯迅的主體性，從魯迅出發提出問題，探討問題，不把魯迅研究納入某種既有的政治或觀念體系中去，用魯迅來闡釋現成的命題。

回到魯迅，當然包括回到魯迅的內心世界。魯迅一生經歷過嚴重的內心衝突，像他經常說的，他的內心有黑暗的一面，但他願意肩起黑暗的閘門，放孩子們到光明的世界裏去。我們推崇魯迅的人格，不必把他神化，而應該認識到真實的魯迅是難以避免心靈的掙扎的。揭示他內心衝突和掙扎的過程，或許更能顯示他作為一個戰士的非凡之處。對於當今的普通讀者而言，這可能具有更為重要的啟示意義。

回到魯迅的口號，早在上個世紀 80 年代初已被一些學者提出，並取得了一系列重要的研究成果。但今天重提這個口號，有了新的意義。80 年代的回歸魯迅，是恢復魯迅作為一個啟蒙主義思想家和文學家的形象，可是其更為內在的動機還是出於強烈的政治訴求，即要打破極左政治和教條主義對思想的束縛，實現人的思想解放。而現在再提回歸魯迅，則是為了更真切地關注

魯迅接近普通人的一面，去發掘他在普通的人生樣式中所包含的不平凡的精
神，爲今天的讀者提供一種精神的樣式。

第二，是回歸學術，實現學術研究的向善的價值。回歸學術，就是把「魯
迅」作爲一個學術問題來探討。涉及魯迅與政治問題的關係，也要採取學術
的態度，進行實事求是的具有前瞻性的研究——既要堅持歷史主義的原則，
又要具備當代的眼光；既要回到歷史的規定情景中去，又要跳出歷史的迷霧，
從新時代的高度對歷史做出判斷，使研究成果具有歷史的深度而又能體現 21
世紀的時代特點。這樣的研究，顯然不可能再引起過去時代研究這些問題時
所曾引起過的那種強烈反響，因爲這些政治問題或與政治相關的問題已經成
爲歷史，不再影響現實的社會進程，它從前激起廣大讀者強烈興趣的基礎現
在已不再存在。學術研究，雖要講政治，本來的目的卻並不是爲了參與政治
鬥爭，而是探求真理。在魯迅研究中，涉及與政治相關的問題，丰要是爲了
對歷史負責，對魯迅負責，還原歷史的真相。這是學術研究對社會和歷史所
能做的貢獻，也是學術研究所能體現的善的價值。

回歸學術，更爲重要的是把魯迅作爲一個人——當然是偉人來研究。在
魯迅與社會歷史的廣泛聯繫中，他與政治的關係只是其中的一個方面，而內
容更爲豐富的是他作爲一個人在日常生活中所經歷的喜怒哀樂。這後一個方
面，更爲接近魯迅真實的內心世界。即使是研究魯迅與他所從事的文化批判
和他所參與的政治鬥爭的關係，也可以從一個人的角度來理解他的內心經
歷，探討他的矛盾和痛苦。從個人化的角度切入一個偉人與時代、與重大政
治問題的關係，從某種意義上說，可以更深入地把握到他的一顆不平凡的心
靈，展示他與眾不同的人格。把這方面的意義發掘出來，樹立起一座人格的
豐碑，實際上是在確立一些做人的原則，讓後來者受到教育，從而選擇一條
有理想、有抱負的人生道路。這同樣是學術研究的善的價值之體現。

不過既然是學術研究，就意味著你所得出的結論是受到具體條件限制
的，不可能達到絕對的真理。因而存在不同意見，甚至發生激烈的爭論，是
正常的現象。比如魯迅的改造國民性思想，集中體現了五四的時代精神。但
它在二三十年代之交就受到了「革命文學」倡導者的猛烈批評，而到 21 世紀
的今天又受到了以新儒家爲代表的文化保守主義者的攻擊。這是學術研究中
因爲各人所持立場不同、價值準則有異所造成的。不同的意見體現了不同的
立場和不同的價值觀，反映了不同時代的思想特點，它只能通過學術研究來
解決，並期待時間來做裁定。這意味著，從事學術研究要有一種謙虛的態度，

提倡自由討論，謹防獨斷，要以寬容的態度來處理彼此之間的分歧，表現出知識分子應有的民主精神。

第三，是回歸研究者自我，實現學術研究的致美的價值。學術研究要訴諸理性，追求的是客觀公正。但理性的運用事實上不可能由理性自身給予絕對的保證，客觀公正也會受個人主觀因素的左右，難以完全落到實處。人類要認識世界，而客觀世界的意義又須依賴先驗的範疇才能表現為一定的意義，並且這種意義要通過認識主體的「偏見」和「前理解」才能表達出來。主客體之間的這對矛盾，是人類在認識世界的實踐中永遠要面對的。正是在這裡，認識主體的能動性才得以充分地顯現。也正因為如此，學術研究不可能像一面鏡子那樣去映照事物，而是要以個人所掌握的科學觀念和方法去進行艱苦的探索，努力解開現象的迷惑。尤其是面對文學作品這一想像的產物，研究者應該、而且可以從自我的生命體驗出發，去感知作品裏的藝術世界，體驗其中每一個鮮活的生命，並以感性的方式表達出藝術的美感。這種感性的研究方式，雖然也是致力於發現對象的真相，但那是帶上了研究者強烈主觀色彩的真相，是研究者個人所願意看到的那種真相。這樣的真相，雖然要取決於審美對象的規定性，但更多地是研究者通過闡釋對象來表達個人的思想傾向，個人的審美趣味，個人的生命體驗。審美對象的意義是在研究者的意圖和體驗基礎上生成的。在這樣的審美過程中，研究者的內心處於自由的創造狀態，不受任何外在清規戒律的規範，不受客觀時空的限制。他可以獨斷，可以穿行於不同的時空中，與過去和未來對話，他可以聽憑內心的呼喚，進行審美的判斷和再創造。這是一種精神的自在和逍遙，是一種審美的狀態。

魯迅的世界，是一個廣闊而深邃的審美世界。研究者的想像馳騁在這一廣闊而豐富的領域，只要用心去觀照，就隨時會有新的發現和新的感受。比如，魯迅的揭露精神奴役，他的反抗絕望，他在批判和懷疑中實現人生價值的那種方式，都是凝聚著他深刻的生命體驗的，展現了他不平凡的人生姿態。有人對此不以為然，但有更多的人從中體驗到了偉大，懂得了人在絕望中該如何堅守，如何突圍，從而去創造生命的奇跡。在這樣的審美觀照中，心中升騰起了崇高的美感，你超越了平凡。這樣的研究，是有擔當、有追求，因而有大痛苦的踐行者的自我激勵和拯救，是他們在人生痛苦中的一種精神生活方式。顯然，這是理性的，但又帶著強烈的感性體驗。這樣的研究，超越了文學的客觀標準，發現的是美，也是有價值的，尤其是對那些經歷了魯迅

式的痛苦而又試圖像魯迅那樣尋求精神突圍的人們具有更爲重要的意義。在這樣的研究中，魯迅的意義只與那些崇敬魯迅、充分意識到魯迅重要性的人的私生活聯繫在一起。由於各人的背景和生命體驗不同，由此形成的魯迅形象會是豐富多彩的，不會類同，但又都是「魯迅」的。只要是用心的體驗所得來的成果，就會因研究者的眞誠而具有獨特的價值。這樣的研究，顯然又是向未來開放的，它趨向無限的豐富，因而有待於研究者憑自己的信仰和聰明才智去發現、去創造，去完成時代賦予他的使命。對這樣的審美創造，我們應該持一種寬容的態度，鼓勵研究者充分展現自己的個性，按各自的理解和內心的需要去發現魯迅，去探索魯迅的意義。

　　不過回歸研究者自我，並不是賦予研究者以任意支配的特權，不是可以爲所欲爲，絕對地以自我爲中心。相反，這是向研究者提出了更高的要求，要求他在高揚主體性的同時，時刻保持自我的清醒，保持個人立場與普世價值的內在聯繫，有一種現實的分寸感。因而研究者需要加強修養，提高思想藝術境界，憑博學才智和高尚的心靈進入研究的領域，去與魯迅進行精神對話。即使是以浪漫的激情表達個人的想像，也要求你首先是一個有道德的人，有責任感的人，你的浪漫張揚從根本上說不能僅僅爲了自我，而是爲社會，爲大眾的，要給歷史一個莊重的承諾。

　　最後還要強調一點：常態社會與非常態社會，在歷史的過程中是會相互轉化的，即從常態的社會向非常態的社會轉化，或者相反，從非常態的社會轉向常態的社會過渡。中華民族是一個偉大的民族，如果中國社會再次進入了一個非常態的階段，面臨嚴峻的挑戰，可以肯定，中國人民將會再次義無反顧地起來戰鬥，而凝聚著中華民族不屈精魂的魯迅形象那時又將成爲一面戰鬥的旗幟，魯迅研究毫無疑問也將會再次發出戰鬥的吶喊，去鼓舞人民的鬥志。

　　總之，魯迅會遭遇寂寞，但魯迅是不朽的！魯迅研究會被邊緣化，成爲一種純粹的學術，但它又是萬古長青的，具有永久的生命力！

（原載《武漢大學學報》2011 年第 5 期）

《狂人日記》的雙層結構與浪漫傾向

　　關於魯迅《狂人日記》的爭論，曾集中在狂人瘋與不瘋的問題上。說他瘋，是從作品具體描寫出發，但似有損於作品的思想價值。說他不瘋，爲的是強調作品的反封建意義，但與作品的具體描寫相悖。但也有一觀點認爲狂人是在逐步認清封建禮教吃人本質後，由於受到某種迫害而致瘋的，由此自然地作出兩點推論：一是狂人在發病前是個反封建戰士，二是他病中的日記以病態的方式透露了他發病前作爲一個戰士所具有的思想水平。於是，在現實主義基礎上統一了狂人似瘋不瘋的矛盾：瘋是他的病態，不瘋是由於他的瘋話包含了病前的清醒思想。不過，按之作品，這一觀點仍是難以成立的。日記十三則，初記狂人擔心自己被吃，到第三則後半部分，他才寫道：

> 凡事總須研究，才會明白。古來時常吃人，我也還記得，可是不甚清楚。我翻開歷史一查，這歷史沒有年代，歪歪斜斜的每葉上都寫著「仁義道德」幾個字。我橫豎睡不著，仔細看了半夜，才從字縫裏看出字未，滿本都寫著兩個字是「吃人」！

狂人是在病中睡不著時才「翻開」歷史，發現滿本都寫著「吃人」兩字，說明他不是在認清了家族制度吃人本質後才發瘋，而是發瘋後才從自己的恐懼感中不經意地悟到了家族制度的吃人本質。不能說他病前就有了這樣的認識，否則他不可能在病中的任何一則日記中使用這種恍然大悟的語調。

　　上述觀點不盡如人意，原因主要是它們機械地套用了現實主義的理論，把狂人視爲一個有獨立性格的典型。這樣，實際上使自己面臨一個兩難選擇：

要麼根據作品的深刻主題，先驗地肯定狂人是一個清醒的反封建戰士，要麼根據狂人的病理症狀，膚淺地認定他是一個普通的瘋子，而這兩者都不符合作品的實際。況且，現實主義理論也很難解釋狂人性格的前後矛盾。病癒「赴某地候補」，按之現實主義觀點，豈非一個反封建戰士清醒後向統治階級悔過自新？而歌頌一個投降了的狂人，不是從根本上消解了作品的反封建主題？

因此，有必要改變思路，找到一個合適的角度來完整地而不是人為割裂地把握狂人這一奇特的藝術形象。這一思路必須把狂人跟魯迅聯繫起來，只有把狂人視為魯迅創造的形象，深入魯迅的創作心理過程，考察魯迅自我在狂人形象創造中所起的有別於一般現實主義作品的獨特作用，才能看清狂人形象的實質。

狂人其實就是魯迅自我的藝術表現。只要把《狂人日記》與魯迅同一時期所寫的雜文稍加比較就會發現，狂人以隱晦的語言所表達的正是魯迅的思想。狂人在日記裏以他獨特的方式主要談了兩個問題，一是揭露封建社會和封建禮教吃人的罪惡：「四千年來時時吃人的地方」，人們「自己想吃人，又怕被人吃了，都用著疑心極深的眼光，面面相覷著」，而且因大家都有吃人的希望而互相勸勉著，死也不肯改過。這一思想正是魯迅早期雜文的一個重要主題，如《燈下漫筆》等。《狂人日記》另一個重要內容是期待不吃人的「真的人」出現。狂人在勸說大哥碰了釘子後，轉而把希望寄託在孩子身上，可孩子也不見得可靠，於是他發出了「救救孩子」的呼聲，希望將來會有「沒有吃過人的孩子」。對孩子加以區別，分為「父母福氣的材料」和「人的萌芽」兩類，把希望寄託在培養孩子成為「真的人」，這種思想在魯迅早期雜文裏同樣有大量存在。《隨感錄·二十五》和《我們現在怎樣做父親》就是發揮這些意思的，完全可以拿來做《狂人日記》的腳註。

其實，《狂人日記》所包含的思想與魯迅早期雜文裏的思想，還有許多相通之處。狂人反問：「從來如此，便對麼？」魯迅早期雜文痛加撻伐的也正是死抱住古來成法不放的封建復古派。狂人認為自己遭眾人迫害的根源是得罪了古久先生，魯迅也常常指出封建輿論對於叛逆者的壓迫。狂人揭露衛道者的虛偽：他們不是直接殺人，怕有禍祟，而是逼人自戕：「他們沒有殺人的罪名，又償了心願」，魯迅在《我的節烈觀》一文裏也剖析了倡導節烈的衛道者的偽善，說這些人自己「誘惑了女人，卻不負責任」，而且預備下「節烈」的美名，要婦女於亂世時代男子受過，遇強暴時設法自裁，一面殘害著婦女，

一面卻以維護教化的功臣自居。狂人喊出「救救孩子」，是基於進化論思想，魯迅早期思想的基礎就是進化論。狂人在日記裏所用的那種俯視眾生的語調，有很濃的尼采味，而魯迅早期就深受尼采的影響。

魯迅與他筆下的狂人不僅思想上有許多一致，而且在感情上也時見神交處。日記第一則，狂人說：「我不見他，已是三十多年，今天見了，精神分外爽快。才知道以前的三十多年全是發昏。」字裏行間有一種今是而昨非的喜悅之情。聯繫後面的日記，可以推測這個「他」是指家族制度吃人的秘密，狂人因發現了它，高興得連月亮在他眼裏也顯得不同尋常。可事實上，他要到日記第三則才恍然發現歷史裏寫著「吃人」兩字。因此可以這樣說，第一則日記流露出喜悅之情，是因為魯迅自己發現了「中國人尚是食人民族」這一重大秘密。換言之，不是狂人，而是魯迅自己因此感到了快意。

由此觀之，以前廣為流傳的狂人原型是孫阮久和章太炎的觀點就難以成立。孫阮久僅是一個普通的迫害狂患者，跟魯迅筆下的狂人那種深刻見解毫不相干。章太炎學識淵博，被反動派誣為「章瘋子」，但他追求的是「排滿獨立」，與狂人徹底反封建的思想有不小距離。如果定要指明狂人的原型，那麼就非魯迅莫屬，無論是思想還是感情，魯迅跟他筆下的狂人形象都是血肉相連的。孫、章充其量只是給魯迅提供了某種啟示，使他覺得可以借一個瘋子的外形來表達自己的思想罷了。

上述比較只是就狂人的日記所包含的內容而言，而狂人的語言的確又是瘋瘋癲癲的——又是深刻的思想和瘋癲的語言之間的不協調。情形看似混沌，其實頭緒已經清楚：這不過是魯迅自己的思想與其表達形式的矛盾，它不能統一於生活真實，但能統一於作者的主觀。換言之，魯迅在《狂人日記》裏成功地以狂人的語言表達了他自己對封建社會歷史的深刻認識。魯迅是如何實現這一奇特構想的？奧妙就在作品的獨特結構裏。

二

魯迅創作《狂人日記》，遵循兩條重要的結構原則。一條是自覺地賦予自己的思想以狂人特有的思維形式，也即對自己的思想按照狂人的思維特點加以變形和偽裝。為此，他主要使用了兩種手法，一是模擬狂人思維跳躍、聯想突然的病態症狀。如日記第一則，魯迅在不經意地流露了自己的得意之情後，突然筆鋒一轉寫道：「然而須十分小心。不然，那趙家的狗，何以看我兩

眼呢？我怕得有理。」從「精神分外爽快」突然聯想起狗的可怕，又很快肯定自己「怕得有理」，這中間的思維過程是零亂的，前後缺乏正常人思維的連貫性。又如日記第二則首句，「今天全沒有月光，我知道不妙。」沒有月光，怎麼便會不妙？確實莫名其妙。這些地方，魯迅故意使自己的思維活動呈現斷裂、跳躍的狀態，從而給狂人加上與精神病患者相吻合的荒唐色彩。魯迅所用的第二種手法是對自己的思想進行加工，以狂人的語言表達出來。例如「禮教吃人」是魯迅自己的思想，但他在作品裏沒有直說，而是根據精神病人的思維規律，把家族制度、封建禮教束縛人的個性、摧殘人的尊嚴，甚而逼人至死這一象徵意義上的「吃人」歪曲成現實的吃人，於是連大哥和母親在「我」眼裏都成了吃人肉的兇手。本來深刻的思想卻採取了荒唐的形式，顯示了狂人神經錯亂的特點。

但是，模擬精神病人的思維形式，即運用變形和偽裝手法，也不是隨心所欲的，更不是無意識地亂變，它必須同時受另一條結構原則的制約。這第二條結構原則就是變形和偽裝要暗示歷史的眞實，表達魯迅自己的思想。具體辦法，是精心選擇狂人的獨白和對白，使其所勾勒對象的特徵及社會關係，與封建社會的性質和人際關係的特點暗合，彼此具有一種內在的對應關係，從而可以形成定向暗示，使讀者從這些瘋話中能夠自然地聯想起封建社會及禮教「吃人」的事實。比如，狂人覺得大哥和別人合夥要吃他，這完全是瘋子的幻覺，但作者選擇這樣的幻覺又是用心良苦的，因爲它恰巧暗示封建時代家庭關係的一種實情，即長子在家庭中享有特權，封建時代的許多悲劇就是在這種制度下發生的。狂人的幻覺與此暗合，明眼人一看便知作者揭露禮教吃人的用意。又如狂人認爲自己踹了古久先生的陳年流水簿子才遭人忌恨，連路人交頭接耳也被他視爲商量吃他的證據，這是他病態的神經過敏。但這種荒唐的聯想同樣是作者精心安排的，因爲它有力地暗示了封建社會一種很普遍的現象——若有誰冒犯了古久先生之類的傳統勢力，就會遭到封建輿論的強大壓力，甚至被置於死地。這樣，雖然採取了荒唐形式，卻包含了深刻思想。

上述兩條結構原則辯證統一，決定了《狂人日記》結構上的鮮明特色。由第一條原則，通過變形和偽裝，呈現給讀者的是作品的表層結構。在這一層次上，魯迅思想的本來面目已經隱去，我們看到的是一個狂人，他語無倫次，精神恍惚，敏感多疑，聯想荒誕。第二條結構原則決定了魯迅在創作中始終起主導作用，因此狂人的話事實上又不是亂說的，而是嚴格聽命於魯迅。

這裡，控制變形和僞裝手法運用的決定性因素——魯迅的思想及創作意圖，構成了作品的深層結構。深層結構對表層結構的佈局安排、細節處理等起著支配作用，同時又要通過表層結構來體現。

由於深層結構的邏輯統領全篇，所以作品雖爲狂人的日記，整體上卻呈現了極爲嚴密的邏輯。日記十三則，從揭露封建家族制度和禮教吃人的罪惡開始，以勸轉吃人的人爲轉折，最後歸結爲盼望「眞的人」出現，層層遞進。很難設想現實中的瘋子會有如此清晰的思路和深刻的見解。

《狂人日記》表裏兩層結構，大多數時候相互間保持著對應關係，作品的象徵色彩就來源於這種結構形式。表層結構相當於一套象徵符號，暗示、象徵著與之對應的深層結構。人們不難從表層結構展開聯想，把握深層結構的意蘊。但有時《狂人日記》的雙層結構也會採取其它的組合方式，這大致有兩種情形，一種是在某一點上深層結構突入了表層結構，兩層結構呈現貫通融合的狀態。這時幾乎很難分清是狂人還是作者自己不帶面具地在直接向讀者講話。比如，「我翻開歷史一查，……滿本都寫著兩個字是『吃人』！」「你們可以改了，從眞心改起！要曉得將來容不得吃人的人，活在世上。」「沒有吃過人的孩子，或者還有？救救孩子……」這些話出於狂人之口，實際上卻是魯迅不加遮蓋地在表達自己的思想。它們在作品中好像寶石的閃光，啓迪著人們對眞理的認識，進而使讀者對作品一些比較隱晦的語言也有了更深的領悟，不會簡單地把它們看作瘋子的胡言亂語。此外，狂人在日記裏作爲大哥要吃他的重要證據而列舉的歷史上眞實的吃人事件，除了「易牙蒸了他兒子，給桀紂吃」，作者有意搞錯了年代，一些事件本身幾乎都是有史可查的。這些也可看作是魯迅自己在直接列舉事實，是另一些兩重結構互相貫通的點。這些「點」爲揭露封建社會「吃人」罪惡提供了事實證據，加強了作品的批判力量。應當注意，在上述深層結構與表層結構相互貫通融合的情形下，前者對後者的支配並沒有干擾表層結構自身的邏輯，即這些話既是魯迅說的，也是一個有反封建傾向的狂人可能說的，作者的主觀邏輯與形象的客觀邏輯保持了一致。

第二種情形則是深層結構對表層結構的取代。魯迅爲表達自己某種意圖和衝動而作的細節處理與形象的自身邏輯發生了矛盾，他的主觀邏輯代替了形象的客觀邏輯。比如，狂人病癒後「赴某地候補」，並不符合狂人的個性發展，魯迅的意圖不過想藉此給作品增添些幽默感。又如日記第一則狂人說「精

神分外爽快」，就是魯迅自己得意心情的不自覺流露。這種主觀化的處理，正是我們依據現實主義理論分析狂人形象會難圓其說的根本原因，但卻無損於作品的客觀意義。因爲決定《狂人日記》基本意義的是深層結構，是魯迅的主觀意識，狂人形象的統一性本來就不是基於其自身的邏輯，而是基於作者，基於魯迅表達自己思想和實現創作意圖的需要。儘管作爲一個獨立的形象，狂人的性格有時前後有些矛盾，沒有保持嚴格的一致性，但是決定這一形象的根本力量——魯迅的思想和創作意圖卻是明確的，始終一貫的，因而作品的基本精神，即魯迅通過狂人的瘋話所暗示的反封建思想是統一的。

總之，《狂人日記》的奇特魅力，很大程度上來自它的獨特結構。沒有表層結構的內容，它就不成其爲狂人的日記；沒有深層結構在支配全局，那麼它真的會成爲狂人的無意識夢幻的雜亂堆砌，不會有現在《狂人日記》這樣深刻的思想和犀利的批判力量。如果換一種結構方式，寫一個人因受迫害而發瘋，引起人們的同情和憤慨，那同樣沒有了現在的《狂人日記》。

至此，我們實際上已經揭開了狂人瘋而不瘋的秘密。瘋是魯迅運用變形和僞裝手法故意製造的表象，清醒和深刻則是因爲這一形象體現了魯迅的思想。因而從根本上說，狂人形象不是現實生活中某類瘋子的典型，而是魯迅借助於變形和僞裝手法表現出來的自我。

三

就作品的深層結構而言，《狂人日記》是表現自我的。這就使它具有不同於魯迅其它現實主義小說的主觀色彩，顯示了某種浪漫主義的風格特徵。其實魯迅文學活動的起點是浪漫主義：譯述《斯巴達之魂》熱情洋溢，著《摩羅詩力說》，推崇浪漫主義的「摩羅詩人」，氣勢何等闊大。《狂人日記》的激揚文字在精神上與這些英雄和摩羅詩人有著深刻的聯繫。但是，魯迅是個思想家，《狂人日記》表現的「自我」是思辯性的，而且魯迅在具體描寫中又竭力模仿狂人的思維特點，因而它又不同於一般表現主觀激情的浪漫主義作品，而顯得與現實主義較爲相近。確定《狂人日記》創作方法的困難就在這裡：它是一種似寫實而又非寫實的創作路數。確切地說，它體現了魯迅從浪漫主義向現實主義過渡時期的特點。在創作精神上，它比較接近魯迅早期的浪漫主義——評說歷史，縱論人生，作者自我在作品裏汪洋恣意；而在具體手法上，它開啓了魯迅後來的現實主義道路——努力按照生活的本來樣子表

現生活，即運用巧妙的藝術構思盡力把狂人寫得像一個狂人。

當然，任何藝術品都是主客觀的統一，都有作者自我在內。重要的是這個「自我」介入作品的方式，在現實主義作家和浪漫主義作家那裡是不同的。現實主義要求作家的傾向深深地隱藏在形象背後，通過人物命運及人物間的關係自然地流露出來。作者和形象的關係是間接的，形象本身獨立，具有自己的性格和思想感情邏輯。人們一般不可能從孤立的形象那裡直接獲得作者的思想，只能從情節和場面中感受到作者的某種傾向性，如魯迅的《孔乙己》、《藥》、《祝福》等。但對《狂人日記》，魯迅作了明顯不同的處理。他沒有刻意追求情節的完整性，寫出狂人發瘋的原因和經過，沒有試圖憑人物的命運去感動讀者，他只是模仿狂人的口吻，公佈禮教吃人的秘密。這裡，作者與形象以獨特的方式合而為一，作者的思想幾乎是以赤裸裸的思想的形態直接呈現給讀者。讀者也就大可不必過細地去琢磨狂人本身的生活邏輯，去關心狂人的命運，去深究他為何發瘋，而只須把狂人的話，按其本身所包含的定向暗示，在自己的想像中翻譯成正面的意思。只憑這一點，人們就很容易把《狂人日記》與魯迅其它的現實主義小說區別開來。事實上，人們也正是這樣來讀《狂人日記》的。就在它發表之初，吳虞便專門寫了《吃人與禮教》一文「協同作戰」，一開頭他就寫道：「我讀《新青年》魯迅君的《狂人日記》不覺發生了許多感想」，「我覺得他這日記把吃人的內容和仁義道德的表面，看得清清楚楚。那些戴著禮教假面具吃人的滑頭伎倆，都被他把黑幕揭破了」。編輯《小說月報》的沈雁冰在《讀〈吶喊〉》一文裏也說，讀了這篇小說後，「只覺得受著一種痛快的刺戟，猶如久處黑暗的人們驟然看見了絢豔的陽光。」他們並未去細究狂人的來歷、身份及其病因，便一眼看清了作者的用意，把握了魯迅的思想。

魯迅用這種獨特的方法開始他新文學的創作道路，不是偶然的。首先，這符合他當時的思想和情緒狀態。辛亥革命失敗使魯迅感到失望和痛苦。為了「麻醉自己的靈魂」，他「沉入於國民中」，「回到古代去」，開始抄古碑，校古書，一面鑽研歷史、哲學、佛學，一面反思革命失敗的教訓。他對於中國歷史的認識，就是在這樣的鑽研和反思中深化的。這期間他又親歷了袁世凱稱帝、張勳復辟等鬧劇，從反面進一步看清了孔孟之道所起的壞作用。當他一改幾年沉默，答應為《新青年》撰稿，寫成《狂人日記》時，不難想像，久蓄心底的思想噴發而出會挾帶多大的情感力量，以致他如骨骾喉，只求一

吐爲快，幾乎來不及冷靜地把思想融注於精細的形象中。這種情緒上的因素，正是《狂人日記》採用獨特的自我表現和思想直白方法的極爲重要的原因。

其次，外國文學和現代科學對於《狂人日記》創作手法的選用也起著不容忽視的作用。果戈理的《狂人日記》是篇現實主義小說，魯迅的要比它憂憤深廣，寫法也不盡相同。但它至少使魯迅覺得可以模仿狂人的思維形式來表達自己的思想。而要模仿狂人，就必須做到眞實。一個出色的藝術構想需要相應的藝術手段才能獲得滿意的效果。魯迅的醫學知識和他對精神分析學的瞭解此時就幫了大忙。他懂得只要運用思維跳躍、無意識自由聯想等手法就可以相當逼眞地表現狂人的病態，他取得了成功。他在《我怎麼做起小說來》一文中，曾談及《狂人日記》的創作準備：「大約所仰仗的全在先前看過的百來篇外國作品和一點醫學上的知識，此外的準備，一點也沒有。」說的就是外國文學和醫學知識對於他寫作《狂人日記》所起的重要作用。

（原載《寧波師院學報》1992 年第 1 期）

《長明燈》的空間形式與意義生成 [註1]

　　「空間」並不是一個純粹的客觀現實，它同時還意味著文化的建構；不僅是一種方位參照體系，還是一種價值反映體系；不僅是人物活動的場所，而且還作為一種文化情境參與了敘事與敘述自身。因此，在解讀小說的空間形式時，我們必須從表層的具象空間入手，理順空間層次的邏輯聯繫，進而達到對深層空間意義的洞悉。魯迅的《長明燈》敘事的時間特點不明顯，從其意義生成的方式看，是一篇空間化的文化寓言，在這個文本內部存在著三個空間層次：顯在的生活空間、互文的語義空間、隱喻的主題空間。正是這種多維空間層次的彼此交織，文本的深層意蘊才更豐富、更深刻。

一、四個並置的物理空間的文化顯徵

　　在《長明燈》中，有四個典型的生活場景：「茶館」、「社廟前」、「四爺的客廳」、「社廟」。這四個空間位置不是簡單的物理地域，而是一種具有頗深文化意蘊的價值、倫理秩序，是隱喻和制約人們行為和思想的空間意識話語。耐人深味的是：四個生活空間之間不是斷裂和孤立的，而是一種多維的復合系統，其所生發出的意義不等於空間單元的簡單相加，而是形成一個開放的、多元的、動態的新結構。因而，小說的時序性讓位於空間的密集性和廣延性，讀者的閱讀視野和重心由時間性的故事內容轉為空間意義的文化探詢。

　　1、茶館：「無主名無意識殺人團」存在的公共空間。茶館作為一種公共空間，原是消遣、休閒、獨立、開放的大眾場所，個人的聲音為眾聲喧嘩所掩蓋。但在小說《長明燈》的開篇，吉光屯的茶館裏彌散的卻是相同的空氣

〔註1〕　本文與吳翔宇合作。

和趨同的話題，「茶館」變成了一個麻木、附庸的整體文化背景。三角臉、闊亭、方頭、胖臉的莊七光、灰五嬸等人構成了這個文化背景中的主體，他們的閒談引出了要熄掉長明燈的瘋子，瘋子成爲游離於「茶館」空間之外的「被言說者」。這種趨同的閒談容易遮蓋存在的眞實聲音，「人們在閒談之際自以爲達到了對談及的東西的領會，這就加深了封閉。由於這種自以爲是，一切新的詰問和一切分析工作都被束之高閣，並以某種特殊的方式壓制延宕下來」〔註2〕。我們可以通過小說的敘事人稱和言說姿態（「我們──他」）來看到兩種個體的對立，「我們」作爲一個「眾數」，在言說和命名著「他」，而作爲言說主體「我」的價值判斷就附庸於作爲整體的「我們」。這種言說方式將「他者」（瘋子）強行排斥出現存的秩序，使之成爲「孤立」的另類被放逐到文化的邊緣。「類」（無主名無意識殺人團）既是現實維度的象徵，也是現實的勝利者，它以集體的名義維護著現實存在的合理表象。

2、社廟前：異質文化相遇與對峙的廣場。與茶館狹小、封閉的結構功能不同，廣場更加闊大、開放，言語的放縱和宣泄是廣場空間的一個重要效應。在茶館裏，瘋子是缺席的，但在社廟前，不同價值觀念與主體精神的雙方在場和對話，不同文化的對話顛覆了傳統空間的趨同秩序。即「類」與「個」短兵相接，形成一個闊大、喧鬧的對話廣場。瘋子沒被強勢的話語壅塞自己的視聽，在與常人共在中保持思想的獨立。雙方的對話直指文化本體：是否熄燈？他們的意見始終是相反的，沒有任何商量與和解的可能。瘋子說：「……吹熄。吹熄，我們就不會有蝗蟲，不會有豬嘴瘟……」闊亭輕蔑地回答：「你吹熄了燈，蝗蟲會還要多，你就要生豬嘴瘟！」闊亭又說：「燈麼，我替你吹。你過幾天來看就知道。」這遭到瘋子的斷然拒絕：「你吹？」「不能！不要你們。我自己去熄，此刻去熄！」方頭說：「就是吹熄了燈，那些東西不是還在麼？」瘋子毫不妥協：「我知道的，熄了也還在。」「然而我只能這麼辦，容易些。」在這些雜語的交鋒中，不同的意向與語調產生了。正是借助於「對話」，在遭遇思想界限和衝破價值界限的既壓抑又激動的時候，彼此暗隱的文化立場變得敞亮。「我──你們」成爲這個空間的敘事人稱和言說姿態，與「我們──他」不同的是它是一種在場的平等對話，而瘋子的個體的精神力量也更突出。

〔註2〕 海德格爾：《存在與時間》，陳嘉映、王慶節譯，北京三聯書店 1999 年版，第 127 頁。

　　3、四爺的客廳：「紳──民」集體合謀的私人空間。瘋子在社廟前的一句話：「我放火！」導致了另一個時空體（「四爺的客廳」）的出場。四爺的身份是一個介於官與民之間的鄉紳，鄉紳是鄉土社會結構中一個很獨特的組成部分，他們是知識分子，以眞理闡釋者自居，又以「鄉意」的代言人自居，進而尋求自身利益的最大化。這個階層是統治階級與民間溝通的橋梁，他們往往利用宗族組織、血統文化、習俗規範等文化方式掌控著民間基層社會。四爺的客廳原本是「不易瞻仰」的私人空間，郭老娃、闊亭、方頭的介入是由於瘋子的出現打破了穩定的秩序，私人空間演變成公共事件密謀的場所。而且從四人座位的安排、言語、動作、姿態來看，「紳──民」之間的某種妥協與企圖已經很明顯。如果說在茶館裏，瘋子還僅僅是作爲一個「他者」被民眾所言及和命名，在社廟前還僅僅是爭論某種行爲的合法性，那麼到了四爺的客廳裏，瘋子不僅成爲訓斥、辱罵的對象：「這種子孫眞該死啊！」、「關起來，免得害人，出他父親的醜」，而且面臨著被「同時同刻，大家一齊動手」打死的危險。由此，私人空間成爲維護公共場所「合法性」的文化標誌，是紳與民合謀的密室。

　　4、社廟：隱喻和諧秩序與規範的人間墳墓。在文本中，社廟供奉著自梁武帝點起的長明燈，它佔據價值體系的最高點，成爲籠罩和俯視現實的隱喻。這裡是沉默、清淨的和諧聖地，也是壓制異端的人間墳墓。在社廟裏，有孩子們的遊戲和猜謎，他們的喧鬧聲映襯了社廟的寂靜。這裡關著一個試圖放火、熄滅長明燈的瘋子，成爲孩子兒歌的素材，「瘋癲被關押起來，在禁閉中聽命於理性，受制於道德戒律，在漫漫的黑夜中度日」〔註3〕。在常人的眼裏，瘋子被規訓和無害化了，社會也和諧了。在圍觀與談論中，瘋子的叛逆行爲被人漠視和淡忘了，沉默死寂的和諧的局面最終形成：「從此完全靜寂了，暮色下來，綠瑩瑩的長明燈更其分明地照出神殿，神龕，而且照到院子，照到木柵裏的昏暗。」至此，有名和無名的兩類主體共謀，集體懲戒和規訓了作爲文化反抗者的瘋子，而這個過程是在社廟這個象徵性的秩序空間中見證和完成的。

　　現代小說獲得空間意識的手段是多樣的，如主題重複、章節交替、多重故事和誇大的反諷等，而「並置」是其中最常用的一種。「並置」作爲美國學

────────────────

〔註3〕　米歇爾・福柯：《瘋癲與文明》，劉北成、楊遠嬰譯，北京三聯書店 1999 年版，第 58 頁。

者約瑟夫‧弗蘭克空間形式理論的一個重要的概念，強調的是打破敘述的時間流，並列地放置或大或小的意義單位和片段，這些意義單元和片段組成一個相互作用和參照的整體，質言之，就是「對意象和短語的空間編織」〔註4〕。《長明燈》中的四個並置的空間不僅體現了在行為邏輯上的方位轉移，而且更為重要的是它更體現了具體空間範圍內的文化意義的再現。四個物理空間編織了四種情景生態，各自生發出不同的話語聲音，形成了可供反應參照的空間形態。空間文化整體意義通過分解四種空間要素的文化特徵而體現。

二、文本間互相參照、互動增殖的語義空間

　　研究魯迅小說時，如果我們跳出既定的「啓蒙思維」框架和單文本的孤立細讀，將人物形象置之於豐富多彩的文本內外的語義場中，就能將文本內部、文本間、文本和文化語境間遮蔽了的意義重新激活起來。爲此，我們引入「互文」這種解讀方式。「互文性」概念，法國學者克里斯特瓦在《封閉的文本》中有精闢的定義：「我們把產生在同一個文本內部的這種文本互動作用叫做互文性。對於認識主體而言，互文性概念將提示一個文本閱讀歷史、嵌入歷史的方式，互文性的具體實現模式將提供一種文本結構的基本特徵（『社會的』、『審美的』特徵）。」〔註5〕可見，任何文本都是不自足的，在文本「置換」的互動中，文本拓展的想像空間更闊大、對社會歷史闡釋的意義也就更加深廣。概而言之，《長明燈》的互文空間的構成主要由以下兩方面來呈現：

　　首先，「瘋子」與魯迅其他小說中的文化反抗者構成了一個完整的「互文」譜系。《長明燈》中的「瘋子」是應該與《狂人日記》中的「狂人」、《藥》中的夏瑜、《頭髮的故事》中的N先生、《在酒樓上》中的呂緯甫、《孤獨者》中的魏連殳等一起互文閱讀的。「瘋」、「狂」、「異」給我們提供了一個不同於慣常世界的視角，給了孤獨者們一個「疏者」的立場與眼光。西方學者瓦爾特‧F‧法伊特認為：「理解有兩個基本方面：理解他者和疏者。」〔註6〕他的意思是如果讀者與他者完全一致，那麼讀者就失去理解的條件，結果也只有誤讀；讀者只有跳出他者的框架，才能獲得理解的權利。「瘋」、「狂」、「異」來源於

〔註4〕 約瑟夫‧弗蘭克：《現代小說中的空間形式》，周憲主編、秦林芳編譯，北京大學出版社 1991 年版，第 163～164 頁。

〔註5〕 秦海鷹：《互文性理論的緣起與流變》，《外國文學評論》2004 年第 3 期。

〔註6〕 瓦爾特‧F‧法伊特：《誤讀作爲文化間理解的條件》，樂黛雲、張輝：《文化傳遞與文學形象》，北京大學出版社 1999 年版，第 97 頁。

對世俗觀念的另類眼光，是最適合用「疏者」化角度來解讀的。《長明燈》中的「瘋子」在似乎瘋癲的言行中，看到了與普遍社會意識疏離的社會本質，我們不禁要反問：「瘋子」是眞瘋還是假瘋？當我們用「疏者」的眼光去解讀他的時候，我們能更好的理解魯迅利用「疏者」拷問「他者」的敘事努力與用心，這種「疏者化」視角同樣適合《狂人日記》中的狂人、《藥》中的夏瑜、《頭髮的故事》中的 N 先生、《在酒樓上》中的呂緯甫、《孤獨者》中的魏連殳等。「瘋子」與「狂人」、夏瑜、呂緯甫、魏連殳等一樣，他們的獨特的「疏者」世界都是冷靜和理智的交匯，他們每個人所處的社會意識環境都具有文本共通性。我們將「瘋子」放置於「狂人」、夏瑜、呂緯甫、魏連殳所處的任何一個生存環境，能得出可預見的結論：在「狂人」所處的環境中，「瘋子」在被別人吃的情景下同時也在吃著別人；在夏瑜所處的境遇裏，等待「瘋子」的是被人殺掉而他的血成爲別人的「藥引」，也會吃進肚裏，「卻全忘了什麼味」；在呂緯甫身處的語境中，「瘋子」也會像一隻蠅子飛了一小圈子，又回來停在原地點，在頹唐消沉中無辜消磨著生命；在魏連殳所在的世界裏，「瘋子」會躬行先前所憎惡，所反對的一切，拒斥先前所崇仰，所主張的一切。同樣，以上說到的所有個體都可以互換類推。由此，我們能得到這樣一個啓示：這可怕的人間社會（社會文本）能套用到任何人（個體文本）的生存經驗中，社會文本與個體文本的互動關聯就產生了相互參照、彼此指涉的文本間性，在這個系統中，不同的審美物象承載的審美意象跨越了單一文本的界限，具有前後互補、對接和相互滲透的特徵，因而「孤獨者」這個文化意象在這種多文本的互動衍射下，逐漸清晰和深刻。

其次，文本關於「孩子」行爲的描寫與魯迅的「孩童觀」形成了「互文」引證。魯迅曾說過：「童年的情形，便是將來的命運。」我們讀魯迅的《故鄉》、《社戲》、《從白草園到三味書屋》、《阿長與〈山海經〉》等作品，能感受到他對童年天性的那份美好嚮往和肯定。他曾以孩子爲例戳穿成人的烏托邦：「凡一個人，即使到了中年以至暮年，倘一和孩子接近，便會踏進久經忘卻了的孩子世界的邊疆去，想到月亮怎麼會跟著人走，星星究竟是怎麼嵌在天空中。但孩子在他的世界裏，是好像魚之在水，游泳自如，忘其所以的，成人卻有如人的鳧水一樣，雖然也覺到水的柔滑和清涼，不過總不免吃力，爲難，非上陸不可了。」〔註7〕他還說：「我幼時雖曾夢想飛空，但至今還在

────────────

〔註7〕　魯迅：《看圖識字》，《魯迅全集》第 6 卷，人民文學出版社 1981 年版，第 35

地上……正如沾水小蜂，只在泥土上爬來爬去……自有悲苦憤激。」〔註8〕但魯迅「背著因襲的重擔，肩住了黑暗的閘門，放他們到寬闊光明的地方去」〔註9〕的以幼為本位的人生觀念很快在他的小說中予以了否定，《長明燈》裏有這樣兩段：

> 一個赤膊孩子攀起他玩弄著的葦子，對他瞄準著，將櫻桃似的小口一張，道：
>
> 「吧！」……
>
> 赤膊的還將葦子向後一指，從喘吁吁的櫻桃似的小嘴唇裏吐出清脆的一聲道：
>
> 「吧！」

在魯迅的其他三個作品中也有對「孩子」相類似的描寫：

> 前面一夥小孩子，也在那裡議論我；眼色也同趙貴翁一樣，臉色也都鐵青。我想我同小孩子有什麼仇，他也這樣。(《狂人日記》)
>
> 最小的一個正玩著一片乾蘆葉，這時便向空中一揮，彷彿一柄鋼刀，大聲說道：
>
> 「殺！」(《頹敗線的顫動》)
>
> 「想起來真覺得有些奇怪。我到你這裡來時，街上看見一個很小的小孩，拿了一片蘆葉指著我道：殺！他還不很能走路……」(《孤獨者》)

《長明燈》、《狂人日記》、《頹敗線的顫動》、《孤獨者》四個文本中的「孩子」意象有著互文的對話關係，雖然四者的情狀有別，但孩子的行為將精神界戰士（敢於行動為民造福的瘋子、以「救救孩子」為本位的狂人、含辛茹苦養育小孩的母親、視孩子比自己性命還重要的魏連殳）的努力在瞬間化為烏有，這殺聲、鐵青的臉、怪異的眼色、議論聲充斥了敵意和殘酷心理讓寄厚望於孩子的主體信念徹底崩潰。如果說魯迅在《長明燈》和《頹敗線的顫動》將自己對孩子的主觀情感隱匿在冷靜的描寫中，那麼到了《狂人日記》和《孤獨者》那裡就將問題和盤托出。魯迅在《狂人日記》中大悟：「我明白

頁。

〔註8〕 魯迅：《〈華蓋集〉題記》，《魯迅全集》第3卷，人民文學出版社1981年版，第3頁。

〔註9〕 魯迅：《我們現在怎樣做父親》，《魯迅全集》第1卷，人民文學出版社1981年版，第130頁。

了，這是他們娘老子教的！」；在《孤獨者》中產生了對人性的根本性懷疑：「不。如果孩子中沒有壞根苗，大起來怎麼會有壞花果？譬如一粒種子，正因爲內中本含有枝葉花果的胚，長大時才能夠發出這些東西來。何嘗無端……」，「……都不像人！……哈哈，兒子正如老子一般」，這反映了魯迅「啓蒙」深刻的一面：人之所以變壞除了有社會環境影響的因素，更主要的原因是孩子身上的「壞根苗」、「劣根性」。也體現了他思想意識逐步成熟，難怪後來在一篇雜文裏他寫道：「總而言之，現在倘再發那些四平八穩的『救救孩子』似的議論，連我自己聽去，也覺得空空洞洞了。」〔註10〕

　　通過「反應閱讀」，「瘋子」和「孩子」已不是簡單意義上的「人物形象」，而是在複雜的語詞能指中建構起具有自身辯證法與社會性對話的「語言形象」。巴赫金認爲：「小說修辭的中心課題便可概括爲：如何對語言進行藝術描繪的問題，語言的形象問題。」〔註11〕用巴赫金的話說，在語言形象的周圍發生了「巴比倫式」的混亂，在文本間互動交流的「混亂」中，我們在文本內外、文本和歷史語境中找到了共通點和基準點，個性的塑造轉爲類性的延伸，文本的互文空間結構就建立起來了。這也反映了魯迅創作手法上的一種革新：打破了文本固有的邊界，突破了單一文本的狹小空間，彌合了文本共時性與歷時性的界限，使文本處於一個龐大的網絡空間之中，構成了一個文本對另一個文本的引證與參照關係。以達到「從遠處注釋一種前景（一種有片段帶來的前景，一種由其他文本、其他編碼引起的前景）」〔註12〕的作用。

三、空間主題的獲致與意義生成

　　戴維‧米切爾森認爲，「空間形式的小說不是蘿蔔，日積月累，長得綠意流瀉；確切地說，它們是由許多相似的瓣組成的橘子，它們並不四處發散，而是集中在唯一的主題（核）上」〔註13〕。這個比喻表明同時而且毗鄰的發生作用的許多因素的混合體取代線性的連貫順序，在一個既對立又互相衍射

〔註10〕魯迅：《答有恒先生》，《魯迅全集》第3卷，人民文學出版社1981年版，第457頁。

〔註11〕巴赫金：《長篇小說的話語》，《巴赫金全集》第3卷，白春仁、曉河譯，河北教育出版社1998年版，第123頁。

〔註12〕羅蘭‧巴特：《羅蘭‧巴特隨筆選》，懷宇譯，百花文藝出版社1995年版，第162頁。

〔註13〕約瑟夫‧弗蘭克：《現代小說中的空間形式》，周憲主編、秦林芳編譯，北京大學出版社1991年版，第49頁。

的空間意域中，指向明確的空間主題。對空間文化內涵（秩序規範和價值取向等）的理性判斷是作爲空間層次中核心元素的空間主題要處理的首要問題。

首先，空間主題的擴充得力於魯迅對傳統空間秩序的質疑。英國社會學家安東尼・吉登斯在討論社會「結構化」時，嘗試將空間概念作爲研究人類生活模式以至社會形成的結構因素。按其說法，「場所可以是屋子裏的一個房間、一個街角、工廠的一個車間、集鎮和城市，乃至由各個民族國家所佔據的有嚴格疆域分界的區域」〔註 14〕。人們在生活中利用各種空間的不同方式和手段，直接決定它們的特徵。在傳統文化的思想體系中，有形的空間位置（如方位和場所等）的秩序是與無形的文化身份、價值秩序聯繫在一起的，是具有意識形態話語權力的規範人言行的手段。在《長明燈》中，魯迅對內含文化和社會秩序的場所表示出了懷疑。在四爺的客廳的一幕能略見一斑：在吉光屯，四爺的地位和身份是最高的，但在他的私人客廳裏我們發現在座位的安排上出現了身份秩序的錯位，坐在首座上的是年高德韶的郭老娃，闊亭和方頭走進不易瞻仰的客廳，卻坐在老娃之下和四爺之上，而且還有茶喝。從說話的姿態和速度來看，郭老娃言語緩慢，抑揚頓挫，神情自若，儼然是一個決策者；四爺悠悠然，語調不急不慢，沒有居高臨下的話語霸權。這種秩序錯置產生的根本原因是作爲秩序衝突者的「瘋子」的出現，「他者」的出現打破了既有的鄉村民間的原初秩序，鄉紳與民間各種勢力的意向趨於一致，內在關係也出現了緩和。因此，傳統空間秩序的解體與蛻變是紳——民合謀異端的現實空間規範和行爲的出場需要。

其次，在質疑傳統空間秩序的同時，魯迅理性地看到了現實文化空間背後的整體形態和「權力機制」。因此，空間形式意義的獲致，一方面來源於揭露具體空間場景所顯徵的文化傳統和空間背後的「權力關係」以達到對空間整體行爲機制的把握，另一方面，這種背後力量對瘋子的「剿殺」以及瘋子的「突圍」所體現出的文化思考大大擴充了空間的深層含義。「生成」（issue）是指一事物源於某些事物而出現但又不能通過還原方式化爲該物的情況，「生」是開端，「成」是結果。胡塞爾認爲：「意義的生成與意識的意向性緊密相聯。所謂意向性，就是意識對某物的一種指向性。意向行爲和意向對象則構成它的基本結構。意義的實現則有賴於具體的意向行爲和有意識的意向

〔註 14〕安東尼・吉登斯：《社會的構成》，李康、李猛譯，北京三聯書店 1998 年版，
　　　　第 206 頁。

對象。」〔註15〕從《長明燈》的基本情節來看，意向行為和意向對象似乎是明確的，單向的，即龐大的現實維護者對文化反抗者的空間放逐、懲罰、戕殺。由此，我們可以對上述的四個物理空間進行意義生成的「反應參照」。所謂「反應參照」簡單地說就是「把事實和推想拼合在一起的嘗試」，其前提則是「反應閱讀」或曰「重複閱讀」〔註16〕這就是說每個單元的意義並不僅僅在於它自身，而且也在於它與其他單元的聯繫，並置的個體空間部分與空間整體之間是相互作用、彼此參照的，讀者在重複閱讀中通過反思記住各個意象與暗示，把彼此關聯的各個參照片段有機熔接起來，並以此重構小說的背景，在連成一體的參照系的整體中同時理解每個參照系的意義。從整體論的形態來看，《長明燈》中四個文化空間是一個典型的「構成性整體」，是一個縱向的消解異端的文化整體。相對於部分（四個文化空間），整體具有派生性，整體的功能可以分解為要素而獲得解釋：在茶館裏是對瘋子的身份命名，在社廟前的對話是一個診斷交流的過程，四爺客廳裏為瘋子開出了藥方，社廟的關押是整個診斷醫治的最後結果。基於一種集體無意識的害怕變動、害怕非秩序，群體將瘋子隔離、拋棄、拘禁了。在文本的結尾這樣寫道：「孩子們跑出廟外也就立定，牽著手，慢慢地向自己的家走去，都笑吟吟地，合唱著隨口編派的歌⋯⋯」小說敘述至此，情節戛然而止，這種處理遵循的是空間小說或然性的突然結束的文學邏輯，而非情節小說因果時序的自然到達。「空間形式小說的結束常常是一個任意的停止，而不是一個真正的總結⋯⋯這個結束是典型的『開放式的』。」〔註17〕這種「開放式」的結尾表明：眾數的行為合法性被整體地維繫和彰顯，由此，他們生活在同一的邏輯經驗世界裏，自以為身處和諧、澄明之中，其實遮蔽了存在之真的多樣性。

　　值得注意的是，《長明燈》的意向行為和意向對象還是一個雙向結合、明暗互現的敘述空間模式。另一條隱在的空間線索是：在庸眾的集體剿殺面前，「瘋子」的行為被無害化，但他的「突圍」意義通過庸眾的恐懼和不安以及他們的意向行為得到了提升，這一意義貫穿於四個物理空間始終。「瘋子」不

〔註15〕　倪梁康：《胡塞爾現象學概念通釋》，北京三聯書店 1999 年版，第 18～20 頁。
〔註16〕　約瑟夫・弗蘭克：《現代小說中的空間形式》，周憲主編、秦林芳編譯，北京
　　　　　大學出版社 1991 年版，第 142 頁。
〔註17〕　約瑟夫・弗蘭克：《現代小說中的空間形式》，周憲主編、秦林芳編譯，北京
　　　　　大學出版社 1991 年版，第 8 頁。

被現實認同意味著他不受現實約束，既然現實可以對瘋子為所欲為並視之為天經地義，那麼瘋子何嘗不可以對現實為所欲為而使一切現實規則秩序失效？所以他放言要熄掉自梁武帝點燃至今的長明燈，即使被關押了，依然能「看見一隻手扳著木柵，一隻手撕著木皮，其間有兩隻眼睛閃閃地發亮」。城隍社廟裏依然傳來他的喊聲：「我放火。」「動一動就須查黃曆，看那上面是否寫著『不宜出行』；倘沒有寫，出去也須先走喜神方，迎吉利」的「常人」才會如臨大敵地集體扼殺這個攪動秩序的離異者。「這個常人不是任何確定的人，一切人──卻不是作為總和──倒都是這個常人。就是這個常人指定著日常生活的存在方式。」〔註18〕瘋子從盲目從眾的沉淪狀態中走出來，從常人的思維習慣中突圍出來，重新思考存在的基本要義。

這種雙向、明暗的二維平面牴牾、反芻，意向在空間中的糾合和參照，使得各自的視閾發生交叉、重疊，從而構成了立體開放的敘述空間。在這個空間裏，意義都從多語義、多層面予以觀照、生成、展現，我們對事物的理解和把握更加合理和深刻。可以說，空間既是一種形式，也是一種意義。通過對文本中的空間層次結構、空間文化內涵、空間行為意向的解讀，我們既能把握純文本的空間形式意義，又能洞窺到魯迅的主體精神與價值取向。

（原載《中國文學研究》2008 年第 3 期）

〔註18〕海德格爾：《存在與時間》，陳嘉映、王慶節譯，北京三聯書店 1999 年版，第 148 頁。

《故事新編》的「油滑」與
現代歷史小說的文體自覺〔註1〕

　　如何看待「油滑」，是《故事新編》研究中的一個關鍵問題。以往有研究者認為「油滑」是一種不認真的創作態度，或認為它是魯迅著眼於現實鬥爭需要而採取的一種敘事策略，而「從歷史文學思想意蘊的美學機制這個角度來看，則無疑是個缺陷，魯迅自己也確鑿無誤地明白它雖有『弊』中之『利』，但客觀上畢竟也是『利』中之『弊』。」〔註2〕對「油滑」的意義評價偏低，主要是因為就事論事，沒有從中國歷史文學的現代嬗變轉型的背景上，看到《故事新編》的「油滑」是魯迅對傳統歷史小說模式的一次成功突破，是他對長期來約定俗成的歷史文學寫作規範、閱讀期待與欣賞習慣的一次嚴重挑戰，也是他將啓蒙主義精神引入歷史文學創作的一次成功嘗試。或許正是由於它打破了傳統的單一化、程式化的歷史文學敘述方式，體現了一個現代作家強烈的個性特徵，使以往代表了集體理性的歷史文學敘述轉變為個人化敘述，而這種個人化敘述由於不合乎正統觀念，「油滑」的正面意義才沒有被充分地認識到。筆者認為，《故事新編》中的「油滑」標誌著「人的發現」和「文的自覺」，它可以被看作是現代人在文體自覺意識基礎上創造的一種「有意味的形式」，一種包含著啓蒙意識的歷史文學敘述方式。它的意義是應該得到充分評價的。

〔註1〕　本文與權繪錦合作。
〔註2〕　吳二持、吳穎：《〈故事新編〉與歷史文學的美學機制》，《空前的民族英雄——紀念魯迅110週年誕辰學術討論會論文選》，陝西人民教育出版社1996年版，第501頁。

一

「油滑」，首先是指《故事新編》突破了傳統歷史小說程式化的話語形態，轉向了現代性的社會雜語化。中國歷史小說的產生和發展受到「史傳」傳統的制約和影響，史傳不僅給歷史小說提供了豐富的題材和眾多的人物原型，提供了具有民族文化特色的敘事模式，同時也帶來了占主導地位的史官文化及其歷史理念所顯現的統治階級意識形態的深廣影響。統治階級意識形態作用於歷史小說寫作的表現形式之一，就是語言的非個人化和話語形態的相對統一性。統治階級意識形態的影響使文言被看作是正宗的、高雅的語言形態，而民間的傳統又注重對統治階級意識形態的認同，而非堅持其特異性。這種來自官方和民間的雙重影響使中國傳統歷史小說追求一種《三國演義》所代表的「文不甚深，言不甚俗」的相對穩定、統一、單調的話語形態。這種非個人化的話語形態所具有的制約力量使得傳統歷史小說寫作者失去了自覺的語言意識，造成想像力的衰退和心智的拘束，歷史敘述的魅力消失殆盡，只能使歷史小說在路程式化的故事中引誘讀者接受現存的社會等級制度，充當意識形態的傳聲筒。

喬納森·卡勒說：「語言既是意識形態的具體宣言——是說話者據此而思考的範疇——又是對它質疑或推翻它的基礎。」〔註3〕因此，文學的現代化變革在很大程度上理應首先是語言意識的自覺。當個性意識的覺醒成為二十世紀中國知識分子的精神追求時，現代歷史小說寫作首先就要求獲得個人化敘述的權利與自由，相對於傳統歷史小說寫作來說，就是要突破那種穩定統一的話語形態，在話語形態的非統一性中體現出觀念的離心力和思想意識分化的意向。《故事新編》就是在中國文化裂變轉型時期出現的運用社會雜語化了的話語形態突破了隱含在統一性話語中意識形態編碼的典型範例。它將不同社會集團、不同職業、不同體裁、不同流派的語言，將權威話語、俚語俗話、文言、外來語、摩登語、社會政治語言等納入文本之中，來駕馭自己的題材、自己所描繪和表現的整個事物和文意世界。這種話語形態無論是相對於傳統歷史小說還是雛形期的中國現代小說來說，都是一種異質性存在，當然也就被看作是所謂的「油滑」了。

雜語，並非一般語言的個性化。社會雜語化了的話語形態中每一種話語都是一種對世界的理解、經驗與想像方式。小說是智慧的藝術，小說家的職

〔註3〕 喬納森·卡勒：《文學理論》，遼寧教育出版社 1998 年版，第 63 頁。

責就在於盡可能將外在於自己的各種豐富的社會話語和經驗納入文本世界之
內，使小說能「體現一個時代所有的社會意識的聲音」，成為一個「雜語的小
宇宙。」〔註4〕巴赫金接著寫道：「小說要求能特別感覺得到話語身上那種歷
史的和社會的具體性和相對性，也就是語言同歷史進程和社會鬥爭的緊密關
係。小說應該成為時代充分的和全方位的反映。」〔註5〕「小說中的每一種語
言，都是現實社會階層及其代表人物的一種觀點，一種社會和思想的視野。」
〔註6〕因此，社會雜語化了的小說話語就應該能夠充分體現出現實社會思想意
識的豐富與複雜，小說成為了各種思想與視野展開的舞臺和鬥爭的戰場。在
《故事新編》中，魯迅通過建立一種話語引述機制來實現小說話語社會雜語
化的目的。無論是引述權威話語、俚語俗話、體裁語言還是社會政治語言，
產生的社會現實意義和美學效果都具有雙重性。或者顯示此類話語的正面力
量，或者將其放置在變化了的語境中顯示其貧乏、空洞與無力，形成一種反
諷效果，在笑聲所帶來的毀滅性力量中實現對話語行為主體的譏嘲批判。

　　《補天》中引述的「擬《尚書》體」是典型的權威話語。當具有現代超
人色彩的人類始祖女媧從事艱苦偉大的創造事業時，那出現在她兩腿間的古
衣冠小丈夫和打打殺殺的小東西們說著她聽不懂的奇言怪語。這類文言表述
所具有的權威力量在變化了的現代語境中完全失去了效力與合理性，話語本
身失去了可交流性，於是以文言為尊的復古主義思潮的荒謬性暴露無遺。
《采薇》中小丙君和阿金姐都引述了「普天之下，莫非王土」這一象徵著專
制統治力量的權威話語。他們的引述不僅顯示了他們身上被異族征服後形成
的奴隸根性，也由於這一權威話語的正面力量導致伯夷叔齊被活活餓死在首
陽山而顯示了中國專制主義的恐怖、殘酷與所謂「王道」的欺騙性。正如魯
迅在《關於中國的二三件事》中所說：「好一個王道，只消一個頑民，便將
它弄得毫無根據了。」〔註7〕《鑄劍》中黑衣人在曠野和朝堂上高唱的令人
難以索解的古怪歌曲則是典型的體裁語言，是辭賦體話語形式的模擬，這種
「堂哉皇哉」的講究誇飾、專以歌功頌德為要務的宏大廟堂文體與「嗳嗳唷」
的來自民間桑間濮上的下流小調融為一體，使兩種文體在相互比照中顯示出
不同的意義。《理水》中文化山上的大人先生們滿嘴洋涇浜英語卻無視民間

〔註4〕　巴赫金：《巴赫金全集》第3卷，河北教育出版社1998年版，第202頁。
〔註5〕　巴赫金：《巴赫金全集》第3卷，河北教育出版社1998年版，第117頁。
〔註6〕　巴赫金：《巴赫金全集》第3卷，河北教育出版社1998年版，第203頁。
〔註7〕　魯迅：《魯迅全集》第6卷，人民文學出版社1981年版，第10頁。

疾苦，就「禹」是人還是蟲的爭辯來看其見識還抵不上一個普通農民，所謂的文化權威只不過是「靈府荒穢，徒炫耀耳食以罔當時」〔註8〕的「輕才小慧之徒」〔註9〕。《起死》中的莊子驅神喚鬼之語卻是《百家姓》、《千字文》與道士做法常用語的混雜，使這個談玄論道、自命達性命之源的賢人哲士在滿口柴胡中暴露了其欺世盜名的本質。《奔月》、《非攻》中各自引述了現實中一部分社會集團的語言，分別批判了其各自所代表的社會思潮。

總之，《故事新編》中社會雜語化了的話語形態打破了傳統歷史小說在語言模式上的僵化與程式化，實現了話語形態的多元化和多樣性。如果說僵化與程式化的話語形態體現的是封建大一統的意識形態，那麼多元化和多樣性的話語形態體現的就是現代人的反封建的現代意識形態。《故事新編》的雜語化的話語形態突顯的正是魯迅作為中國現代小說奠基者自覺的語言意識，標誌著他的小說創作不僅成為「啓蒙的文學」，而且還具有「文學的啓蒙」、尤其是文學語言啓蒙的歷史意義。

二

《故事新編》的「油滑」，還表現為顛覆了傳統歷史小說單一重複的情節模式，確立了個人化的敘事方式。美國學者浦安迪認為中國敘事文學雖然缺乏西方文學那樣影響深遠的史詩源頭，但卻擁有偉大的史傳傳統。〔註10〕史傳是我們這個民族文化共同體集體經驗、集體智慧和集體想像的產物，是中國歷史小說創作的主要文學資源，「信實如史」是歷代歷史小說創作的楷模和基本評價標準。毫無疑問，歷史小說創作應該將根深紮在歷史文本之中，與史實保持緊密的聯繫。然而與歷史不同的是，小說的任務是將我們心智的、精神的以及想像的視野拓展到極致。因此，對歷史真實的追求往往極大地壓制了作家藝術個性的展露、個人才智的發揮和想像力的飛騰。中國民眾歷來持有永恒輪迴的時間觀，這種循環的時間觀為歷史小說提供了基本的敘述結構和故事邏輯，這種非線性的時間意識使歷史小說在情節模式上難以擺脫單一重複的窠臼。如同《三國演義》開卷所說的「話說天下大勢，分久必合，合久必分」那樣，在宏大歷史敘事的挾制下，一切個人的故事、性格特徵或現實片斷只不過是這種輪迴的歷史框架中的填充物，所有的情節被指認為歷

〔註8〕 魯迅：《魯迅全集》第8卷，人民文學出版社1981年版，第25頁。
〔註9〕 魯迅：《魯迅全集》第1卷，人民文學出版社1981年版，第44頁。
〔註10〕 浦安迪：《中國敘事學》，北京大學出版社1995年版，第15頁。

史的必然，人物和情節拘囿於與歷史結構的基本對應之中。無論是帝王將相、英雄豪傑、聖人賢士，還是才子佳人，他們的命運都是被天意規定好了的。於是陳陳因襲的情節模式消除了敘事中的異質性因素，留給讀者的只是抽象的歷史經驗，而將「敘事的藝術」拋在了被遺忘的角落。

　　現代小說則是基於個人經驗的「個人言說」。現代歷史小說敘事藝術的魅力既不在於對眞實人物的眞實行爲和內心眞實的敘述，也不停留在對歷史結構的模仿階段，而是在已成爲歷史記憶的眞實的人類經驗和個人性的虛構想像之間建立起聯繫，在過去的眞實世界和「太虛幻境」之間形成敘事空間。就此而言，現代歷史小說就是要在歷史眞實和藝術虛構之間保持一種微妙的平衡，需要將個人生活系列、個人事件和個人時間與歷史生活、歷史時間融合起來，將個人生活經驗、世界感受和生命體驗融入歷史人物、歷史事件和歷史場景之中，決不能因爲對歷史眞實的關切而失去可貴的想像力，丟棄敘事藝術的魅力，而使小說僅僅成爲抽象的歷史理念的圖解或廉價的歷史知識的傳播（當然也不能因過於迷失於幻想而失去對歷史眞實的洞察和判斷）。正如魯迅在介紹日本歷史小說《羅生門》的作者芥川龍之介時所說的：「他想從含在這些材料裏的古人的生活當中，尋出自己的心情能夠貼切地觸著的人或物，因此那些古代的故事經他改作之後，都注進新的生命去，便與現代人生出干係來了。」〔註11〕

　　魯迅說自己創作《故事新編》的經驗是「只取一點因中，隨意點染，鋪成一篇。」〔註12〕從敘述學的角度來看，歷史小說中的情節並不等於歷史上曾經眞實地發生過的事件。一個事件是不是能成爲敘事「情節」，不是根據它自身在歷史進程中存在的意義，而是要根據它在故事情節中的作用——比如推動故事的發展、埋下伏筆或引起事變等等來加以確定的，何況「同一個事件可以構成許多不同歷史故事的不同因素，在對它所屬的序列事件進行特定主題描寫中，這個因素扮演什麼角色將決定其故事的性質。」〔註13〕因此，在歷史小說中選取哪些事件作爲情節，需要作家充分發揮主觀能動性，體現出作家對歷史事件、歷史人物、歷史敘述的基本態度和看法。或者是對歷史事件所屬序列的調整，或者是在基本情節之外加以自由生發，而不必據守於

〔註11〕魯迅：《魯迅全集》第10卷，人民文學出版社1981年版，第221頁。
〔註12〕魯迅：《魯迅全集》第2卷，人民文學出版社1981年版，第342頁。
〔註13〕海登・懷特：《歷史的詩學》，《2001年度新譯西方文論選》，灕江出版社2002年版，第47頁。

歷史史實。魯迅創作《故事新編》正是這樣，如《出關》中老子爲了孔子的幾句話而西出函谷的情節是魯迅「三十年前，在東京從太炎先生口頭聽來的」，雖然他「也並不信爲一定的事實」，卻將其作爲重要情節。「至於孔老相爭，孔勝老敗，卻是我的意見。」由於在魯迅看來老子是一事不做、徒作大言的空談家，「於是加以漫畫化，送他出了關，毫無愛惜。」〔註14〕孔子的貪圖實利、善弄權謀，老子的不合乎現代社會情勢的退縮忍讓、隱逸避世，都在這一虛構情節中得到了展示，同時也體現出魯迅自己執著於現實鬥爭的精神品格。《奔月》中后羿將老太婆的母雞當作鴿子射殺而被世人恥笑鄙棄，使這一在傳說中爲民除害的俠義英雄的光輝業績令人生疑。《采薇》中伯夷叔齊由於阿金姐的發問而餓死首陽山，將封建禮教和宗法制度不容異己者有生存權利的「吃人」本性暴露無遺，也顯示了它控制和異化人的思想意志的可怕力量。《起死》中莊子被鄉下漢子糾纏，只有在巡士幫助下才得以脫身而逃，充分說明在等級森嚴的階級社會裏宣揚齊生死、泯物我的思想只能是心造的幻影。《非攻》中救民於戰亂中的墨子在城門口被強行募去了包袱皮並因淋雨而感冒，顯現出眞正爲生民立命者不僅得不到民眾的理解、支持和承認，反而會被庸眾虐殺的悲劇。這些情節都是作家的自由生發，雖然或者並不符合歷史史實，或者並不見於典籍記載，但這些情節都符合作家立足於現實的對歷史事件、歷史人物的價值評判，是能夠充分體現出作家思想與藝術個性的「個人言說」，它超出了我們民族文化共同體的集體經驗和集體想像，在「油滑」的形式中拓展了敘事空間，實現了對傳統歷史小說敘事情節模式的超越。

三

　　《故事新編》的「油滑」，又表現在超越了傳統歷史小說敘事意象的套路化而追求敘事意象的怪異上。作爲小說中相對獨立的敘事單位，敘事意象能夠體現出作家的情感基調和審美取向，能夠顯現作家的想像能力和敘事維度，它是小說基本構架之外的肌理，是小說敘事煥發動人神采的部分。傳統歷史小說在追求「信實如史」的基本模式前提下，正是敘事意象體現著作家的才情和智慧，成了傳統歷史小說藝術魅力的重要組成部分。然而由於種種外在因素的制約，如讀者或聽眾的審美期待、說書人職業的限制、前文本的影響等，傳統歷史小說中的敘事意象大多套路化了，顯示出單調而又重複雷

〔註14〕魯迅：《魯迅全集》第 6 卷，人民文學出版社 1981 年版，第 520 頁。

同的弊病。

魯迅的《故事新編》則不然。它的很多敘事意象完全出於作家的個人獨創，凝聚著作家對世界和生命的獨特體驗，蘊涵著獨屬於作家個人的情感內涵和精神強度。憑藉這些獨創的敘事意象，《故事新編》打破了「傳統的思想和寫法」，成為特定歷史時期、特定作者所具有的不可重複的創新之作。

在《補天》中，女媧從昏睡中醒來，看到「粉紅的天空中，曲曲折折的漂著許多條石綠色的浮雲，星便在那後面忽明忽滅的睒眼。天邊的血紅的雲彩裏有一個光芒四射的太陽，如流動的金球包在荒古的熔岩中；那一邊，卻是一個生鐵一般的冷而且白的月亮。」就在這日月同現、冷熱共存、愛恨交融的想像奇異的空間裏，女媧「猛然間站立起來了，擎上那非常圓滿而精力洋溢的臂膊，向天打一個欠伸，天空便突然失了色，化為神異的肉紅，暫時再也辯不出伊所在的處所。」「伊在這肉紅色的天地間走到海邊，全身的曲線都消融在淡玫瑰似的光海裏，直到身中央才濃成一段白。波濤都驚異，起伏得很有秩序了。」〔註 15〕人類始祖在這充滿欲望的肉紅色的天地間開始了她偉大的創造。宇宙天地空曠無垠，女媧孤獨寂寞但精力彌滿、氣象闊大、獨立不依，她的創造體現出超人般重建人國的強力意志和不畏艱險的勇毅果決。這種充滿奇思異想的敘事意象是前所未有的，既不見於敷演種種人世間事件的歷史演義小說，也與宣揚宗教思想的神魔小說大異其趣。魯迅通過這一意象不僅賦予女媧造人非凡的壯美意味，也以現代科學理性精神解釋了「創造——人和文學的——的緣起。」〔註 16〕如果將這一意象與後面相關情節，如天崩地裂中女媧自己創造的小東西們為了爭奪統治權力打打殺殺，古衣冠的小丈夫對女媧裸體的訓斥，女媧死後人們在她死屍的肚皮上安營紮寨卻號稱「女媧氏之腸」等相對照，不難體會到魯迅對獨異的個人面對庸眾在無物之陣中死滅的悲哀與絕望，不難體會到那種發自內心深處的孤獨、黑暗和虛無。

《鑄劍》中的神劍生於火卻形如冰，這一至為奇特的意象凝結著魯迅對生命與死亡的熾熱而冷雋的體驗。黑衣人聲如鴟梟，磷火一般的眼光與樹林中的餓狼一樣，黑瘦無比，將別人的仇恨與苦難當成自己的，但內心深處卻由於「人我所加的傷」而徹底憎惡厭棄了自己。在朝堂之上面對仇敵時，這個復仇之神引吭高歌，在壯觀、激烈、恐怖、怪異的場面氛圍中吹響了戰鬥

〔註15〕魯迅：《魯迅全集》第 2 卷，人民文學出版社 1981 年版，第 345 頁。
〔註16〕魯迅：《魯迅全集》第 2 卷，人民文學出版社 1981 年版，第 341 頁。

的號角，這是地獄裏的復仇之戲，在生死存亡的戰鬥中通過自戕來達到致命的復仇快感，在肉體的死亡中獲得精神的純化，在將短暫現實連同自己加以徹底的毀滅中獲得靈魂與藝術的永生。毫無疑問，這個詭異的復仇精靈是魯迅個人生命之魂的象徵，這個復仇意象是魯迅為自我生命而歌唱的歡樂頌，也是他對獨戰多數的精神界之戰士所唱的深情輓歌。在這裡，博大的人性、對世界和人類烈火般熱愛的激情，對統治者寒冷徹骨的仇恨，對自我生命毫不顧惜的厭棄，對在復仇毀滅中獲得生命快感的渴望，種種意識，種種難以訴說的激情洶湧奔騰交融匯聚，種種現實的、個人的、來自生命體驗和靈魂深處的理性與非理性的精神因素融入了這個來歷不明的復仇者的行動之中，散發出罕見的藝術神采，將人帶入了神秘靈異的藝術享受和審美快感之中。

　　《故事新編》中的有些敘事意象在整個敘事過程中並不體現作家個人的情感態度和生命體驗，而是更多地承擔著強化敘事效果、使人物形象更加鮮明的作用，更多地承擔著使故事情節幽默有趣、諷刺或批判的效果更強烈的修辭功能。《奔月》中的后羿在遭到弟子暗算和嫦娥拋棄後，在滿腔悲憤中「一手拈弓，一手捏著三枝箭，都搭上去，拉了一個滿弓，正對著月亮。身子是岩石一般挺立著，眼光直射，閃閃如岩下電，鬚髮開張飄動，像黑色火，這一瞬息，使人彷彿想見他當年射日的雄姿。」然而月亮「卻還是安然地懸著，發出和悅的更大的光輝，似乎毫無傷損。」〔註17〕主人公最後的奮力拼搏和月亮的依然故我相互對照，使后羿這一末路英雄的淒涼結局更具有感染力。《起死》中的莊子在樹木雜亂的荒郊野外遇到一個骷髏，於是決定請司命大神將其起死回生，卻只見「一陣陰風，許多蓬頭的，禿頭的，瘦的，胖的，男的，女的，老的，少的鬼魂出現」。這些鬼魂們大罵莊子：「莊周，你這糊塗蟲！花白了鬍子，還是想不通。死了沒有四季，也沒有主人公。天地就是春秋，做皇帝也沒有這麼輕鬆。還是莫管閒事罷，快到楚國幹你自家的運動。」〔註18〕鬼魂們是寧願死去也不願活在到處是等級專制的人間社會的，而自稱達性命之源的莊子卻貪戀人間富貴榮華，並以擁有楚王的聖旨而驕傲自豪。更有意思的，是莊子呼喚出來的司命大神與他自己一樣「道冠布袍，黑瘦面皮，花白的絡腮鬍子，手執馬鞭」，並由他批評莊子是「認真不像認真，玩耍

〔註17〕 魯迅：《魯迅全集》第 2 卷，人民文學出版社 1981 年版，第 367 頁。
〔註18〕 魯迅：《魯迅全集》第 2 卷，人民文學出版社 1981 年版，第 470 頁。

又不像玩耍」,「是能說不能行,是人而非神」。〔註19〕司命大神就是另一個莊子,二者之間的對話幽默有趣,揭示了莊子自身思想靈魂深處的分裂和矛盾。當莊子被那起死回生的鄉下漢子苦苦糾纏難以脫身時卻再也喚不回那另一半自己了。這一「油滑」的敘事意象不僅諷刺批判了莊子思想中混世主義、虛無主義、相對主義和滑頭哲學的有害無益,而且揭示了像莊子這樣的徒作大言者妄想主宰人間生死只能是自欺欺人而已。

　　總之,在筆者看來,把「油滑」看作是《故事新編》創作中的弊病固然是一種誤讀,僅僅把它看作是魯迅在當時嚴酷的現實環境下所採用的一種文學寫作策略而強調其現實戰鬥意義,忽視它相對於傳統歷史小說而言所具有的個人性突破,也將大大縮減其本來的價值和意義。「油滑」應該被看作是現代啟蒙主義歷史小說創作中的一種美學機制或審美範疇。魯迅在《故事新編》中不僅通過社會雜語化了的話語形態、故事情節上的自由生發和怪異奇特的敘事意象,使小說成為對民眾進行現代思想啟蒙的有力器具,也表明歷史文學創作與取材於現實的文學一樣,需要從傳統的桎梏中掙脫出來,以適應現代社會和文學自身發展的需求。也只有如此,它才會獲得新生,開闢出自己的道路。這使我們認識到,由於時代變遷和作家知識背景、思想精神以及文化意識的不同,對歷史的理解和敘述都會有所不同。在現代啟蒙知識分子看來,歷史並不僅僅是一種客體性的存在,只有被人們理解了的東西才能成為歷史,而被理解了的歷史不能簡單地看作是知識,它們有可能生成為我們自身的問題。我們認識和理解歷史的目的是為了更好地理解和認識現在,人們必須從過去與現代之間的連續性中去認識和理解歷史。我們與歷史之間的聯繫是反思性的,歷史本身不僅僅是一種認識對象,它的存在還依賴於人類的自我認識。因此,歷史文學創作不是為了還原歷史的真實(那其實是不可能的),而是對歷史人物和歷史事件的分析、解剖和評判,是為了將歷史與個人主體融合為一,在歷史人物和歷史事件中寄託主體的思想、情感與想像,成為寫作主體對歷史與現實關係的個人性反思。歷史文學不是為了傳播和普及歷史知識,而是為了啟發讀者樹立一種符合現代科學理性精神的歷史意識,確立一種歷史精神,在對歷史人物和歷史事件的獨立判斷中形成自己的思想觀念和價值體系。歷史文學創作還需要尊重和充分發揮主體的藝術個性,唯

〔註19〕魯迅:《魯迅全集》第 2 卷,人民文學出版社 1981 年版,第 471 頁。

正統單一的歷史敘述方式爲尊的思維模式必須改變，只有多樣化和多元性發展才能使歷史文學創作更爲繁盛。在這些方面，魯迅的《故事新編》顯然能給我們許多寶貴的啓示。

（原載《長江學術》2006 年第 2 期）

《野草》的時間意識〔註1〕

　　魯迅《野草》的時間意識之所以深邃複雜，主要在於其時間內部並存著互相消長的時間要素，這些要素的彼此交互使主體陷入了一系列難以解決的矛盾和分裂境域。這是一個由焦慮、絕望、掙扎、解脫、歡欣等組成的悲辛交集的情感世界，又是一個由矛盾、終極悖論、懷疑、自剖、追問、辯難、頓悟等組成的沉潛的心靈空間。意義是研究時間意識的重要命題，它是基於成己與成物（認識自己、認識客觀對象；改造自己、改造客觀對象）的過程，以人對存在本身的理解、規定、把握為內涵，以人的知、行活動為前提。這種時間的意向性深嵌在魯迅關於自我及其歸宿的認識中，沉澱在魯迅關於個人在歷史運動中的地位和作用的尋找中。在主體對客體的意向性立義和意義建構過程中，主體「執著現在」，建構起了「中間物」的時間意識，重新思考主體的本真命運和終極意義，這正是《野草》時間命題的基本要義。

一、時間「經驗性」的意義模式

　　《野草》是一個自成體系的精神世界，時間維度浸漬於迷離恍惚的意識流動中，它需要讀者真正沉潛到魯迅的靈魂深處去傾聽生命的聲音，需要讀者調動其所有的人生經驗去與之對話。

　　魯迅在《野草》中並置了兩種時間經驗，即「空無的時間」與「充實的時間」。這兩種時間經驗的區別在於規範秩序和價值取向所衍生的意義生成模式的不同。所謂的「空無的時間」是作為時間形態的當下處境被完全抽空或

〔註1〕　本文與吳翔宇合作。

現時境遇被迫終結（如死亡）而導致個人的意義體驗全方位「退場」，由此生成了諸如孤獨、迷茫、困惑、焦慮等時間情緒。這種時間經驗頗似法國學者伊夫・瓦岱所說的「空洞的現時」〔註2〕，它是一種過渡性的時間類型，由於意義危機導致了過去和未來凌駕於空洞的現時之上。「空無的時間」本源於目的性意義（存在之「有」）拒絕為意向性行為提供依據。就《野草》而論，這種「空無的時間」的焦慮經驗主要來源於以下兩個方面：

第一，主體行為意義悖謬的現時焦慮。在胡塞爾的現象學中，「背謬性」是一個與「明見性」相對立的概念。「背謬性」（absurity）是一種對意向和擬充實之間完全爭執的體驗。是指一個意向在直觀中完全得不到充實。〔註3〕《野草》的現時焦慮感本源於魯迅對「黑暗與虛無」的體驗，他說過：「我的作品，太黑暗了，因為我常覺得惟『黑暗與虛無』乃是『實有』」〔註4〕。現時被黑暗與虛無置換成一個空洞的外殼，於是產生了一種找不到立足點而漂浮的極境困惑：《秋夜》中小粉紅花「秋後要有春」的夢與落葉「春後還是秋」的夢構成了意義上的悖謬和虛妄；《希望》中「用希望的盾，抗拒那空虛中暗夜的襲來」但同時「盾後面也依然是空虛中的暗夜」，於是在希望、絕望的懷疑過程中「耗盡了我的青春」；《這樣的戰士》裏的「戰士」像走進了一個至大無形且歷史運動模糊的「無物之陣」，「無物之陣」體現了主體本身無法整飭歷史運動與現時境域的內在規律，而導致其行為意義的現時虛空與迷離；《影的告別》中的「影子」在沒有時間背景（「我不知道是是黃昏還是黎明」），沒有方向與目標（「我將在不知道時候的時候獨自遠行」）的孤獨體驗中，只能「彷徨於無地」，「無地」是「影子」不願去天堂，不願去地獄，不願留在此間，也不願到未來的黃金世界，而只能最終沈於非實有、非客觀存在的黑暗中。在此選擇並沒有支撐行為的意義依據；《頹敗線的顫動》中「老婦」的痛苦和焦慮來源於自己對子女含辛茹苦的養育卻被忘恩負義地遺棄，這種違背道德規約的悖謬行為撕裂了她的心，於是產生了道德焦慮的極致震撼；《過客》中的「過客」生活在一個無所依託的時空範疇中，冥冥中注定「走」的狀態成了他唯一的行為態勢，但這種選擇的行為的依據何在？

〔註2〕 伊夫・瓦岱：《文學與現代性》，田慶生譯，北京大學出版社2001年版，第51頁。

〔註3〕 倪梁康：《胡塞爾現象學概念通釋》，北京三聯書店1999年版，第7頁。

〔註4〕 魯迅：《魯迅全集》第11卷，人民文學出版社2005年版，第21頁。

目標是什麼？探詢的可能性意義有哪些？他的回答（如「我不知道！」、「我不能」、「那不行」等）比較含混，缺乏有力的理論底氣和理由，這是過客被演繹成為與社會疏離類似於西西弗斯式的孤獨個體的重要原因。

第二，死亡無法超越的現時焦慮。死亡與出生一樣都是時間範疇中一個無法迴避的命題，時間經驗離不開對死亡的思考與體驗，正如英國學者愛德華・摩根・福斯特所說：「出生和死亡，它們令人陌生的原因是：它們同時既是經驗又不是經驗，我們只能從別人口中瞭解。……所以我們可以認為，人的生命是伴隨著一種遺忘的經驗開始，又伴隨著一種雖然參與但又無法瞭解的經驗告終。」〔註5〕《立論》通過「說謊的得好報，說必然的遭打」的故事否定了那些避諱和畏懼死亡，不敢把死亡當成必然存在的陳腐觀念。魯迅體悟到了時間的不可超越性，死亡導致時間之「無」始終給存在主體帶來精神上的焦慮，也讓意義出現了空前的危機。這與海德格爾所說的源於時間危機感而衍生的「煩」和「畏」〔註6〕經驗相通。「畏」沒有確定對象，當其襲來，此在只感覺茫然失措。在「畏」中，周圍的一切存在都變得漠不相干，此在於心底突然升騰起一種無家可歸的孤獨與無望，虛無與死亡才是此在的家。《影的告別》中，「影」不願再追隨人而想獨自遠行，不管它怎樣的左奔右突，尋找自我命運的突破口，然而最終卻發現自己仍然注定難逃被死亡之「無」沉沒的命運。《過客》中的過客不顧別人的勸告，頑強地走著自己的路，向著有聲音「催促」「叫喚」他的前方奔去。而前方等待他的卻是一切努力無法改變的死亡之地——「墳」。《死後》以「我夢見自己死在道路上」開篇，「我」始終逃脫不了死後被人宰割、被人利用的命運，這種象徵性的夢境是魯迅對死後無法把握的悲劇狀態的追尋預測。《墓碣文》中的「我」懷著對死後世界的期待，「抉心自食」，以尋求本真的自我，然而，「遊魂」對死亡之「無」的超越不僅沒有成功，而且他那「胸腹俱破，中無心肝」的死後荒涼淒慘的景象，給觀看者「我」帶來了一種無以復加的恐懼。在死亡的「潛隱的存在領域」中，意向行為同樣失去意義構成，用現象學來解釋就是，被展示的意向行為都無法被意指，因此，被意指的行為意向也就得不到展示和認同。

〔註5〕　愛德華・摩根・福斯特：《小說面面觀》，蘇炳文譯，花城出版社1984年版，第41～42頁。

〔註6〕　海德格爾：《存在與時間》，陳嘉映、王慶節譯，北京三聯書店2006年版，第372頁。

個體存在的「空無的時間」焦慮是道德觀念和實用精神生成的存在之「有」。在這種存在之「有」思維的影響下，人們往往容易爲尋找終極的意義獲致所累，結果卻爲證實的「無」所吞噬。在《野草》中，存在著另一種與「空無的時間」相對應的時間經驗：「充實的時間」。它是一種激活了生命空間的時間體悟，向著無限和永恒的時間維度展示現時的極境反抗，這種時間經驗類似於伊夫·瓦岱所說的「英雄的現時」，「它視現時爲一個常常處於危機狀的時代，這個時代要求人們進行鬥爭，這種鬥爭無疑比不上昔日顯赫一時的戰士所進行的戰鬥那麼享有盛名，但它並不比後者缺乏英雄氣概。」〔註7〕與「空無的時間」的焦慮情緒不同的是，「充實的時間」中洋溢著一種即時行爲選擇後的歡欣感。如《題辭》中有對於「過去的生命已經死亡」的「大歡喜」、「大笑」、「歌唱」，其現時的意義（「存活」、「非虛空」）從時間的終點（死亡）中反顧和生成；《復仇》中有「生命的飛揚的極致的大歡喜」，他們倆乾枯地立在廣漠的曠野，至於永久，快意地鑒賞著路人的乾枯；《復仇（其二）》中有「沉酣於大歡喜」，這是「神之子」玩味著可詛咒和可悲憫的人們對自己的釘殺；《死火》中有「得意的笑」，這是死火在面臨要麼凍滅要麼燒完的現時兩難時，所作出「那我就不如燒完」的極境選擇後的生命狂歡；《死後》中有「在快意中哭出來」，「我」在對死後的掙扎中獲致了一種生命的激情：「只看見眼前彷彿有火花一閃」。「充實的時間」經驗存在的心理動因是「因爲我終於不能證實：惟黑暗與虛無乃是實有。」〔註8〕當行爲目的、手段都失去了意義，只有行動本身才有意義時，這種行爲在線性時間歷程中就是沒有意向性的行爲，然而在一個瞬時的境域中這種行爲意義向多維空間「散播」，這時的時間不再是等待由主體將某物填充或喪失了某物的空虛結構，它本身成爲主體體驗、經驗的對象，它不再是工具性的，而是屬己的，自身實現著的。

在有與無、實有與虛無、絕望與希望、明與暗、死亡與生命等二元對立的張力場中，「空無的時間」與「充實的時間」的並存使《野草》的時間系統呈現出意義危機與意義擴充「相交的運動」的狀態，兩種時間經驗的對立、牴牾、反芻、抗拒、搖擺、映襯擴展了現時存在的意義構成空間，同時，它們又作爲一個整體朝著一個中心運動著，即統攝於現時的選擇和反抗。魯迅

〔註7〕 伊夫·瓦岱：《文學與現代性》，田慶生譯，北京大學出版社 2001 年版，第 57 頁。
〔註8〕 魯迅：《魯迅全集》第 11 卷，人民文學出版社 2005 年版，第 21 頁。

運用良好的調節機制平衡了兩者的矛盾衝突，既看到了彼此的對立性又洞悉了相互的統一性。「空無的時間」與「充實的時間」的並存與生成恰是魯迅時間意識建構的內在心理機制和辯證思維構成。

二、時間「斷裂性」的瞬時狀態

「過去」、「現在」和「未來」一起構成了時間線性整體，歷史發展是按這三維矢性延伸的。就時間意向性而言，過去、將來都是絕對延伸的，過去是向更遠的過去的延伸，將來是向更遠的將來的延伸，而現在則是一種相對斷裂的延伸場態，它是一個從過去的以及將來的生成轉變。時間意向性在非歷時的時間整體中同樣可以獲致其命題建構和意義賦予。誠如法國現象學家莫里斯・梅洛－龐蒂認為：「只有當時間不是完整地展開，只有過去、現在和將來不是在同一個方向，才可能有時間。對時間來說，重要的是生成和消失，不完整地被構成。」〔註9〕與魯迅在小說中通過動態描寫來追求敘述時間與空間融合〔註10〕不同的是，《野草》時間的延續不明顯，「過去」和「未來」是隱而不明的，意向活動完全被置於當下的空間狀態中，現在在世的瞬時狀態是文本唯一的時間線索。具體而言，「拋入的此在時間」和「斷裂的夢幻時間」是這種瞬時狀態的兩種類型。

所謂的「拋入的此在時間」是既不需要依附某個或近或遠的過去，也不需要投射到某個想像的未來之中，是一種「我在且不得不在」乃至「我在且不得不能在」的此在狀態。主體似乎被拋入在現時的荒原空間中，此在的記憶成為主體唯一的記憶。《過客》的時空背景是模糊的：「時：或一日的黃昏。」「地：或一處。」「或」表徵了時間的多歧性，時間的背景就具有了抽象性和模糊性，具體的歷史背景被剝離，對於過客來說，「來處」和「去處」都是不清楚的。老翁與過客的三問三答，實質上就是「你是誰？」、「你從哪裏來？」、「你要到哪裏去？」的存在哲學中基本精神命題。過客的一問三不知讓時間主宰的情節變得突然，邏輯聯繫也被割裂，過客被拋入了一個既沒有「來處」又不知「去處」的現在時間形態中，「在路上」成為他的唯一記憶和思想。《這樣的戰士》中的戰士被拋置於「無物之陣」中，「舉起投槍」成

〔註9〕 莫里斯・梅洛－龐蒂：《知覺現象學》，姜志輝譯，商務印書館 2001 年版，第519 頁。

〔註10〕 譚君強：《從魯迅小說的動態描寫看敘述時間與空間的融合》，《貴州社會科學》2008 年第 2 期。

爲他現在瞬時的唯一動作。《影的告別》借影子與實體的對話,將自我分裂爲二,兩個「我」的對話的時間刻度是模糊的,也隱去了過去意識的影響和牽絆:「人睡到不知道時候的時候」,同時,對將來廉價的許諾予以否定和懷疑:「有我所不樂意的在你們將來的黃金世界裏,我不願去」。在現在的瞬時中,選擇了周旋於「黑暗和虛空」,直至被黑暗吞沒。《復仇》以廣漠的曠野爲瞬時空間,那一男一女裸著全身,吸引了眾多看客,卻毫無動作,從被鑒賞者到復仇者,從看到被看,場景延擱和隱略了時間的流動,營造了瞬時「無血的大戮」的氣氛。

除了「拋入的此在時間」形態以外,《野草》還有一種「斷裂的夢幻時間」形態。魯迅利用心理學上的知覺體驗,如夢、潛意識、無意識等形成時間期的審美幻象,以直覺方式經驗著生命現時存在,於是,時間回到人的精神內部,回到主體的真實內心。《野草》二十四篇作品中,明標寫夢的就有七篇,魯迅曾表示過自己神往於「人間的疆界也不能限制他的夢幻」的「大曠野精神」〔註11〕,借助夢境實現了時空的自由組合。因此,在其夢境中,時間記憶呈現出模糊、遺忘、斷裂、非連續性等特點,同時,這種夢境都與現在的語境息息相關。

《好的故事》中的夢境美得讓人陶醉,確如綻放於地獄邊的花朵,但當我要將記憶定格(凝視)時,「驟然一驚,雲錦也已皺蹙,凌亂」;當試圖「追回他,完成他,留下他」時,「何嘗有一絲碎影,只見昏暗的燈光」。時間記憶的中斷,追憶變成了支離破碎的經驗碎片,把人帶回了現在的「昏沉的夜」中。《墓碣文》中的碣文是殘缺不全的:「剝落很多,又有苔蘚叢生,僅存有限的文句」,而且敘述性的文字爲眾多的省略號所打斷,記錄死者的歷史性本文支離破碎,因此,歷史的記憶是模糊不明的,歷史話語也遭到懷疑,相反,瞬時得到充盈。《失掉的好地獄》通過夢境中的神、魔、人在地獄中的依次更替,隱喻了歷史的循環本質,這種境域與魯迅洞悉到的兩種時代的循環「一,想做奴隸而不得的時代;二,暫時做穩了奴隸的時代」〔註12〕是互證自明的,於是,在「油一樣沸;刀一樣銛;火一樣熱;鬼眾一樣呻吟,一樣宛轉」的輪迴中,歷史記憶被遺忘:「至於都不暇記起失掉的好地獄」。《頹敗線的顫動》寫的是前後兩個相續的夢,夢中的兩組意象所反映的是一個過

〔註11〕魯迅:《魯迅全集》第10卷,人民文學出版社2005年版,第217頁。
〔註12〕魯迅:《魯迅全集》第1卷,人民文學出版社2005年版,212頁。

程的兩個斷片，用榮格的話說，不過是表現了「人類同一類型的無數經驗的心理殘跡」〔註13〕。面對著子女的忘恩負義，老婦赤身露體地站在荒野中央，「於一刹那間照見過往的一切」「又於一刹那間將一切併合」。「一刹那」聚集了所有的時間經驗和記憶，同時，無言的沉默和頹敗身軀的顫動改變了主體的時間體驗和記憶秩序，在失去時間統攝的情形下，呈「空間化」的聚集和撒播形狀。《死後》對於未來時間的終結（死亡）的到來也是模糊不清的：「這是那裡，我怎麼到這裡來，怎麼死的，這些事我全不明白。總之，待到我自己知道已經死掉的時候，就已經死在那裡了。」這是對未來的不可把握性的一種象徵，這種非因果性的拋置表明時間延續的某些規律（包括時間的終結）也受到了質疑。

　　不管是「拋入的此在時間」形態還是「斷裂的夢幻時間」都將關注點指向現在的存在境域。如果說本眞的「存在」因受遮蔽而處於一片黑暗、一團神秘中，如果說人類在經驗「存在」這偉大神秘時他們的力量變得非常微弱，那麼，主體該如何對與自己的本質休戚相關的神秘表達自己的存在態度和生存方式呢？《野草》給予的答案是「執著現在」。魯迅意識到：「一切理想家，不是懷念『過去』，就是希望『將來』，對於『現在』這個題目，都繳了白卷，因爲誰也開不出藥方。」〔註14〕正是借助這種瞬時沉思和行動的意向性活動，在遭遇界限和衝破界限的既壓抑又激動的游離中，存在的主體看到了自我選擇的獨特性和意義生成。同時，存在的神秘之魅被分解爲多種具體成型的可能方式，人們對自身的本質也有了合理的定位。「拋入的此在時間」和「斷裂的夢幻時間」既不是線性時間也不是循環時間，而是一個非現成性的、未成定型的、永遠處於開放性的瞬時。在停滯而延擱的瞬時狀態中，展示出了已表達和未表達的無限可能的時間場域。

三、時間「辯證性」的思維與「中間物」意識

　　《野草》時間意識的顯在表現是魯迅的「自我」及其心靈世界在當下的生存狀態，而其基本結構卻是個人與歷史、個人作用與歷史運動等問題，主體是在這一結構中形成的，也只有借助這一結構才能得以說明。魯迅對於主體的當下審視是完全個人化的，然而卻包含著深刻厚重的歷史性和現實性內

〔註13〕榮格：《理學與文學》，馮川、蘇克譯，京三聯書店1986版，第120頁。
〔註14〕魯迅：《魯迅全集》第11卷，人民文學出版社2005年版，第20頁。

容，他對主體的任何洞悉和調整，都源於對歷史文化和社會現實更全面更深刻的感受與認識。所以，在這一孤獨痛苦的關於主體的究詰過程中，由歷史運動和文化傳統所構成的現實關係始終是魯迅關注的核心命題，而且由於是重新審視「自我」的過程，因此這一歷史傳統和現實關係在魯迅當下的意識中又有了一種嶄新的形態，它始終是魯迅「自我」的存在條件或基礎，始終是與魯迅的「自我」處在一個互爲制約、互相衝突的矛盾關係中。

在魯迅的意識中，整個中國歷史和文化是一個超穩固的恒定系統，「獨異」的個人處於這樣的歷史語境中力量很弱小，過去的歷史無可寄寓，「眞的人」理想、「黃金世界」也變得虛幻。《野草》創作的現實語境恰逢「五四」的退潮，魯迅也因此「成了遊勇」。在這種歷史與現實的語境下，他的「中間物」意識就有了生存的土壤。他說：「一切事物，在轉變中，是總有多少中間物的。……或者簡直可以說，在進化的鏈子上，一切都是中間物。」〔註15〕落實到《野草》中，這種「中間物」意識的內涵包蘊以下三重辯證關係：

第一，絕對與相對的對立統一。絕對主義導向了時間的理想主義，它用對未來的企盼替代、模糊了對現實的認識和對現實的反抗，反過來又用模糊了的對現實的認識和對現實的反抗模糊了對未來的認識和對未來的追求。《秋夜》中，「瘦的詩人」的夢就有這種絕對主義的傾向：「秋雖然來，冬雖然來，而此後接著還是春，胡蝶亂飛，蜜蜂都唱起春詞來了。」顯然，魯迅對此是持否定態度的，他關心相對階段中自我的人生選擇：正視現在、正視現在的空間環境；正視自我、正視現在自我的生存和發展。「中間物」意識表明歷史演進的是一個運動的矛盾過程，因此，「相對中看取絕對」是其題中應有之義。任何主體意向活動和行爲選擇，都是在一個特定的時空段中進行的，都是在一個特定時空段中發揮作用、獲得其意義和價值的。但在這有限和特定的時空段中，一種意向行爲和思想選擇的意義和價值就具有了絕對的性質，就有了眞假是非美醜的絕對性的標準，相對時間運動的傾向也就不斷敞開自明。以《影的告別》爲例，「天堂」是完善完美的，「地獄」是全惡全醜的，而「黃金世界」是虛幻未來的隱喻，這些絕對極致的想像與相對過渡的現實語境不契合，與「仍應該和光陰偕逝，逐漸消亡」的「中間物」意識也不符實。魯迅不承認歷史發展、人生、藝術和社會形態的至善至美的「極

〔註15〕魯迅：《魯迅全集》第 1 卷，人民文學出版社 2005 年版，302 頁。

境」，不承認現在的「完美」與「圓滿」。他說：「倘使世上眞有什麼『止於至善』，這人間世便同時變了凝固的東西了。」〔註16〕於是，「不願彷徨於明暗之間」、「在黑暗裏沉沒」的行爲意向就成了絕對的選擇，是相對歷史運動的必然要求。這是魯迅從相對出發，注重相對過程，向絕對追求的時間辯證法。

第二，虛無與實有的轉化生成。「生成」（issue）是指一事物源於某些事物而出現但又不能通過還原方式化爲該物的情況，「生」是開端，「成」是結果。胡塞爾認爲：「意義的生成與意識的意向性緊密相聯。所謂意向性，就是意識對某物的一種指向性。意向行爲和意向對象則構成它的基本結構。意義的實現則有賴於具體的意向行爲和有意識的意向對象。」〔註17〕魯迅在《希望》中說過：「絕望之爲虛妄，正與希望相同」，這句援引自裴多菲的名句非常適合理解這種生成關係。魯迅與海德格爾一樣，都將「虛無」看成是理解本眞存在的前提和條件。「虛無」似乎是可怕的虛空，是行爲意義悖謬的主要原因，難能可貴的是，魯迅從「虛無」出發，看到了生成「實有」的肯定性的力量。而這種「有」正是自己走出心靈矛盾漩渦的最大心理動力。在他看來，「虛無」不過只是生命的另一種特殊的存在形式。從這個意義上看，個體生命的「虛無」並不是某種眞正絕望的虛無，而是絕對客觀規律中的相對構成。《題辭》中，置於虛無境地（地火和熔岩之上）的「野草」獲致了一種存活和非虛空的「實有」；《影的告別》中在無地中彷徨的被黑暗沉沒的「影」的行爲意義擴充於「那世界全屬於我自己」的自由精神；《死火》中的「死火」用「那我就不如燒完」的姿態，得到了生命飛揚的極致快感；《墓碣文》中的「我」既從墓碣文中看到了「於一切眼中看見無所有」的「虛無」，同時又看到了「虛無」背後的希望：「於無所希望中得救」。由此，魯迅不僅在現實語境中看見了「無」的存在，也在其中發現了老莊式的「無中生有」，而後者正是「中間物」主體存在和意義擴充的主導因素。

第三，批判社會與解剖自我的內外因兼及。意向性活動不僅指向認識的客體，還反思於認識的主體，即這種意向性本身就是一種反思過程。「並非什麼前途的目標，範本」的「中間物」需要理性批判社會、決絕解剖自我來消弭廚川白村所謂的「外部而至」的壓抑之苦和「自己這本身」的壓抑之苦

〔註16〕魯迅：《魯迅全集》第1卷，人民文學出版社2005年版，212頁。
〔註17〕倪梁康：《胡塞爾現象學概念通釋》，北京三聯書店1999年版，第19～20。

〔註 18〕。「外部而至」的壓抑之苦是指經歷了辛亥革命、袁世凱稱帝、張勳復辟、新文化運動的分化等歷史事件，對此，作爲啓蒙先驅的魯迅倍感彷徨和失望。他與其他先覺者一道以西方話語承載文化啓蒙或政治啓蒙的社會使命，中國現代文學也就在其所謂「現代性」光環的遮蔽下，張揚了中國傳統文化的「入世精神」〔註 19〕。這種實用功利主義思維在《野草》中也多有表現。在《聰明人和傻子和奴才》中，傻子作爲奴才的拯救者發出的反抗的吶喊不僅沒有得到奴才的回應，反而被奴才看做敵人加以驅趕。在這一系列拯救與被拯救者的話語意義的巨大反差中，啓蒙者與庸眾對話的努力全部被轉化成爲了一些痛苦、羞辱、恐懼的歷史記憶。《復仇（其二）》中，作爲啓蒙者耶穌的聲音不僅未能喚醒民眾，而且被民眾的聲音所淹沒和扼殺。《復仇》中兩個裸身立者心中奔突的「熔岩」和「地火」卻在眾人那無聊的眼光賞玩下默默地乾枯。《風箏》中，舊時記憶的陰影在「我」的心中積壓成「很重很重地墮著，墮著」的鉛塊，我想在主動的悔過中釋放這種精神上的重壓，與弟弟重建和睦的親情關係。然而，弟弟不僅不聽我的懺悔之辭，而且既不追問，也不對過去的事加以提問，由此，弟弟的拒絕將「我」變成了獨白者，而不是對話者，「我」的對話努力轉化成爲了一廂情願的笑話。

　　「自己這本身」的壓抑之苦是過渡階段必然衍生的分裂心理，是一種對外在世界和存在空間的否定態度投射和指向自身的懺悔意識。魯迅感到「從舊營壘中來，情形看得較爲分明，反戈一擊，易制強敵的死命」；然而另一方面，正因爲從舊營壘中來，又背負著古老傳統的「鬼魂」，擺脫不開，深陷於歷史與現實中。《野草》中的內在壓抑之苦之所以比外在壓抑之苦更加繁複、深廣，就在於它更爲強烈地浸透著魯迅那奔突迸裂、躁動飛揚、憂憤深廣的獨特的人生感受和生命體驗。正像魯迅所說：「我的確時時解剖別人，然而更多的是更無情面地解剖我自己。」這種解剖在其作品《墓碣文》中表現得最爲深刻。作品通過「我」夢中觀墓碣文的意象演進，表現了曲折反覆、矛盾不已的自我反觀，自我否定的心靈搏鬥過程。首先看到的是虛無的「深淵」、「無所有」，接著表明了對這種虛無的否定：「於無所希望中得救」，同時，這種反省式的「抉心自食」是不容易的，因其「創痛酷烈」，於是有了死屍「成

〔註 18〕魯迅：《魯迅全集》第 13 卷，人民文學出版社 2005 年版，第 29 頁。
〔註 19〕宋劍華、張冀：《啓蒙主義與中國現代文學》，《貴州社會科學》2007 年版，第 1 期。

塵」的微笑，用徹底的方式表現了虛無，最後我的疾走，再一次進行了否定。魯迅認爲，生存於這樣的過渡時代和歷史文化中，就只能以這種歷史條件爲前提，只能扮演一個不新不舊、亦新亦舊的過渡性角色。

　　按海德格爾「時間性的綻出」的觀點，時間性是源始的、自在自爲的「出離自身」本身。闡述的就是「向自身」、「回到」、「讓照面」的現象性質。〔註20〕魯迅將自己的時間意識建構於歷史與現實世界的本體之上，他的思考不是要引導人們步入彼岸世界，而是現實世界。在他的思想中，實踐始終居於重要的地位。通過「執著現在」的沉思，魯迅洞悉到隱喻於時空範疇背後的存在意義的構成：主體不被現實時空認同，意味著主體不受現實時空的約束，既然現實爲主體準備的是一個時空意義失範的此在時間，那麼魯迅何嘗不可以自我賦予自我以意義而使一切現實規則秩序失效？這是一種頗具浪漫精神質素的歷史觀念，與其早期著述（如《文化偏至論》、《摩羅詩力說》、《破惡聲論》）所彰明的「由主觀爲客觀立法，主體精神處於高度自在和自由的狀態」精神一脈相承。綜上所述，《野草》的歷史意識是建構在魯迅主體時間意識流動與社會歷史運動互文應證的基礎之上的，通過主體及其思維意識的變動來透視和看待歷史過程，於是，主體在突入歷史運動的沉靜和恒態中，歷史被吹進了生命的氣息，有了可把握的內容，同時，魯迅獨特的個人時間意識也就在這種歷史的境域中綻出和確證。

（原載《貴州社會科學 2008 年第 9 期》）

〔註20〕海德格爾：《存在與時間》，.陳嘉映、王慶節譯，北京三聯書店 2006 年版，第375 頁。

《野草》:焦慮及反抗哲學的實現形式 [註1]

　　《野草》是豐富的,也是深刻的,其主導性情緒乃是一種焦慮,並由焦慮抵達的超脫與希冀。「焦慮」是作家在生存困境擠兌下產生的苦悶、憤怒、恐懼與不安,同時交織著反抗空虛絕望與群體關懷,帶有深刻的自我追問與自我否定的情緒傾向。《野草》是魯迅強烈焦慮情緒的藝術宣泄,其中的痛苦、絕望、孤寂、虛無、死亡等情緒,承載著他深沉的生命體驗,事實上成了魯迅對個體和社會矛盾關係進行更為深邃的哲學思考的感性基礎。

一

　　《野草》中充滿了生命體驗中的焦慮意識,這在《題辭》、《影的告別》、《希望》、《過客》《死火》、《墓碣文》、《頹敗線的顫動》中都有生動體現。其中孤獨焦慮是一個人的現實欲望或精神理想無法實現而周圍人又不理解他的心志時產生的情感體驗。五四知識分子的孤獨感是文化轉型時代帶給他們的普遍的精神困境,「夢醒後無路可走」的失落與不為庸眾理解的「孤獨」成為他們的心理共性。《野草》生動再現了魯迅早期這段孤獨焦慮痛苦絕望的心路歷程。

　　面對社會轉型、新文化運動陷於低潮,魯迅深切感受到孤立無援、彷徨無地的苦悶與焦慮,覺得自己「成了遊勇,布不成陣」。《野草》第一篇《秋夜》,以棗樹的意象為核心,形成了一組對比強烈的夜景:棗樹對抗著陰險的夜空,星星鬼眨眼,月亮躲到雲裏去了,小粉紅花則在秋天的繁霜裏瑟瑟發抖,一邊做著春的夢,小青蟲飛身撲火,而那火是真的。這裡,棗樹是抗爭

〔註1〕 本文與任毅合作。

精神的象徵，但看得出它的處境是十分孤獨的，受盡了傷害。「在我的後園，可以看見牆外有兩株樹，一株是棗樹，還有一株也是棗樹。」開篇一句這種平靜而延宕的語調，就已顯示出作者在北平正月十七月圓之夜的寂寞。如果再深究，他用的是「還有」（also）而非「另外」（another），意指「更多的（同類事物）」，或許還象徵著詩人對更多同道者的熱情呼喚，又更進一步反襯了「我」及同路人的孤單和焦慮。「哇的一聲，夜遊的惡鳥飛過了」，以動襯靜，烘托夜之寂靜，庸眾的沉默麻木，需要怪鴟的惡聲喚醒他們，然而這惡聲卻如此單薄蒼涼。

　　一部《野草》隨處可見這種孤獨焦慮的情緒：「我的心分外地寂寞」（《希望》），江南的雪「是孤獨的雪，是死掉的雨，是雨的精魂」（《雪》），「我獨自遠行，不但沒有你，並且再沒有別的影在黑暗裏」，「只有我被黑暗沉沒，那世界全屬於我自己」（《影的告白》），「影一般的死掉，連仇敵也不知道」（《死後》）等。《過客》更是強烈地表現了這種耽於孤獨而無法自拔的焦慮體驗：一個孤獨的行路者，不知道自己是誰，不知道從何而來往何處去，只是一味地孑然前行，不管前面是長滿野百合、野薔薇的希望之地，還是充滿絕望氣息的死亡之墳。作者借「過客」的形象描述當時自我靈魂在荒野流浪的懸置狀態，深刻揭示他作為一名精神探索者的生存焦慮與孤獨體驗。汪暉說：「死亡不僅僅是生命過程的無法分割的形態，而且也意味著個體生存與全部世界的關係完全失落，從而使生命陷入無邊的孤獨之中：『過客』是孤獨的，『影』是孤獨的，『雪』也是孤獨的⋯⋯在這裡，『孤獨』並不僅僅來自人與現實世界的關係，而且也來自這種關係的完全斷裂。」〔註2〕誠然！但更為可貴的是魯迅沒有被個體的孤獨寂寞和生命存在的虛無感挫敗，他要向這一切作「絕望」的抗爭。《狗的駁詰》裏也有同樣的「價值對換」，在人與狗的長篇辯論中最後狗獲勝，因為狗不像人那麼勢利。這種「價值對換」是魯迅夢詩的中心手法，似乎是為了實現廚川所提倡的「尼采的對價值的再評價」。《過客》的繼續「走」，是在「無意義」的威脅之下唯一有意義的行動。「過客」聽見在前面催促他的「呼喚聲」，可以解釋為某種責任感的內心召喚。〔註3〕有論者說，這「並不是一個封閉世界的孤獨者自我精神的煎熬與咀嚼，而是堅持

〔註2〕　汪暉：《〈野草〉的人生哲學》，《反抗絕望——魯迅及其文學世界》，北京三聯書店 2008 年版，第 264～265 頁。

〔註3〕　李歐梵：《〈野草〉：希望與絕望之間的絕境》，尹慧珺譯，《魯迅研究月刊》1991年第 1 期。

進行叛逆抗爭中感受寂寞孤獨時靈魂的自我抗爭與反思」〔註4〕。這可以說是對《野草》時期魯迅式獨力抗爭心理狀態的準確概括。

　　青年時期的魯迅，通過嚴復翻譯的赫胥黎《天演論》，受達爾文生物進化論思想的影響，把進化論作為改造國民性的思想武器，向吃人的封建制度和封建禮教展開英勇抗爭。魯迅說進化論「那個時候，它使我相信進步，相信未來，要求變革和戰鬥」〔註5〕。隨著五四運動的開展，魯迅所信仰的進化論在急遽變化日益複雜的現實面前，作為戰鬥的武器已經暴露出較大的局限性。這一時期魯迅又受到西方浪漫主義思潮和以尼采為首的德國唯意志論哲學的影響，力主「尊個性而張精神」的「立人」思想，倡導主體覺醒、個性解放，以前所未有的熱情努力追求現代人格及生命尊嚴。然而隨著五四高潮過後熱情和理想慢慢消退，曾給他以力量的進化論思想和個性主義觀念很快被現實轟毀。舊的世界觀正在動搖，卻仍有一定的勢力；而新的思想理念正在醞釀，準備再次飛躍，卻又尚未建立。在這樣的矛盾中，魯迅陷入難以自拔的深切焦慮，這種焦慮是魯迅作為一名歷史的覺醒者在使命感的驅使下，面對艱難世事時所發生的一種憂患、悲憫的精神狀態。他的內心進行著激烈的搏鬥：新與舊，變革與保守，現實與理想，人道主義與個人主義……各種思想的矛盾在衝突中激蕩，陷入矛盾痛苦的境地。魯迅創作《野草》，從某種意義上，正是他力圖擺脫這種糾結焦慮狀態的一次精神拯救。

　　新舊文化的衝突，發生在廣泛的領域，自然也會落到日常生活，比如愛情與家庭。創作《野草》期間，正是魯迅在舊式婚姻的陰影看到自由戀愛曙光的階段。他的心情頹唐雖主要是由社會問題及思想文化問題引起，但個人婚戀生活變化帶來的煩惱也未嘗不是一個重要的因素。包辦婚姻給魯迅的身心帶來了巨大的折磨和痛苦，朱安是「母親給我的一件禮物，我只能好好地供養她，愛情是我所不知道的」〔註6〕。魯迅背負著舊婚姻遺留給他的這個沉重包袱，在孤獨寂寞和絕望苦悶中消耗青春。近20年無愛的婚姻使魯迅在感情生活上置身於一片茫茫荒野之中，直至許廣平走進他的生命。但新的問題來了：許廣平的出現使魯迅的靈魂感受到了自由愛情的歡快和幸福，可也體驗到了強烈的焦慮彷徨以及難以抉擇的矛盾。在創作《野草》的1924年9月

〔註4〕　劉明宇：《走近魯迅——解讀〈野草〉》，《吉林華僑外國語學院學報》2008年第1期。
〔註5〕　唐弢：《瑣憶》，《人民文學》1961年第9期。
〔註6〕　許壽裳：《亡友魯迅印象記》，人民文學出版社1953年版，第60頁。

到 1926 年 4 月，是魯迅與許廣平從相見相知相愛到公開同居的時間。在這段時間裏，魯迅陷於一種複雜難言的矛盾心理，在道德與情愛的兩難選擇中，在愛與不愛的痛苦抉擇下，他在熾烈愛情的門檻前徘徊猶豫，在焦慮中苦苦掙扎。對魯迅來說，這種煩惱是具體的，可又牽扯到了個人權利和傳統家庭責任之間的矛盾衝突，更涉及由這些倫理問題引起的社會輿論。因此，這也是一個新舊文化衝突所引起的問題。與朱安無愛的婚姻以及與許廣平尚無婚姻的愛情引發了魯迅靈魂深處劇烈的衝突。婚姻成爲束縛他的精神枷鎖，而愛情雖然能點燃他生命的火花，但在新舊文化與新舊道德的雙重夾擊下，魯迅無論作出何種選擇，一時都無法解決現實生活中道德責任與愛情自由的兩難問題。可以想像，他會陷入「自齧其身」、「創痛酷烈」的痛苦和「無路可走」、「彷徨於無地」的內心矛盾。《野草》的不少篇什所表達的在糾結中難以抉擇的矛盾困惑，具有高度的概括性，未必完全對應魯迅個人在婚姻愛情問題上所經歷的痛苦和無奈，但是不是就沒有這方面的內容呢？答案是否定的。由新舊文化衝突和愛情婚姻矛盾所造成的焦慮苦悶，綜合地反映在《野草》中，而愛情婚姻矛盾所引發的那種焦慮，在《好的故事》《希望》和《死後》等名篇中都有生動婉曲的症候式呈現。

二

《野草》創作期間，北方直奉軍閥混戰，以日本爲後臺的北洋軍閥把持北京政府，內謀更新，外崇國信，加強對人民的思想統治，鎮壓愛國群眾運動。魯迅曾對馮雪峰說：「那時候的北京也實在黑暗得可以！」〔註 7〕的確，對於魯迅來說，生活在黑暗的軍閥時代是一種煎熬，唯有抗爭才是對現實的有力反抗。魯迅對生命及其存在本質有著很深切的體驗，他不斷感受現實的人生痛苦，並將其昇華到對於「人」自身存在困境的理性反思之中。

對「死亡」的內涵品悟是魯迅最擅長的，《野草》24 篇中，有 18 篇提到「死」。他思索著中國人生和死的形式和意義，敢於正視生命中最後的歸宿。並從「死亡」之中意識到生命的存在，「過去的生命已經死亡。我對於這死亡有大歡喜，因爲我藉此知道它曾經存活。死亡的生命已經朽腐。我對於這朽腐有大歡喜，因爲我藉此知道它還非空虛。」「生」與「死」是矛盾的統一體。在《頹敗線的顫動》中，通過一位母親辛酸悲慘的命運寫了人「生」的悲涼

〔註 7〕 馮雪峰：《回憶魯迅》，人民文學出版社 1953 年版，第 23 頁。

痛苦和尷尬。母親在飢餓的巨大威脅中養活了自己的女兒，但在使她生命存活的同時卻已給了她甚至她孩子巨大的生的痛苦，使她們發出「倒不如小時候餓死的好」的生不如死的惡毒詛咒。《死後》則通過夢境中死後情景的想像和描寫，使我們感受到「死」並不意味「生」的結束，而是「生」的痛苦的繼續延續，人既不能選擇「生」，也不能選擇「死」，「我先前以爲人在地上雖沒有任意生存的權利，卻總有任意死掉的權利的。現在才知道並不然。」在《野草》中，生和死構成一對巨大的矛盾，顯示出作者對現代國人生命本質的深刻體驗。這種對生命本質的焦慮體驗深刻表現出他對生與死矛盾的痛苦抉擇。可以說，他不是從單一的「生命」視角去感受困境，而是從「生」與「死」的雙重視角去體驗生命的存在價值。

　　日本學者木山英雄曾沿著《過客》《死火》《墓碣文》《死後》的寫作順序，發現了與死相關的一系列探索理路和死的四種形態：《過客》中的前方的墳墓，《死火》中由作者內省力想像出來的更爲逼近的純粹自由意志的死，《墓碣文》回到墳墓的「成塵者」的徹底的「死之死」，《死後》中的「極具人間具體性」的死。這四種形態又是「依從孤獨的邏輯發展，最終卻被引致於無法成其爲孤獨的境地」，也就是「均無法徹底完成於一己的存在」，只能「眺望一個世界的完結」。﹝註 8﹞魯迅借死者的眼光最後瞥見的醜惡人世作爲主線，表達了他對無情、無聊、無恥世界的「憤怒」和「厭煩」。這種「用非眞實的人生形式表訴眞實人生的空虛和存在的無意義焦慮」﹝註 9﹞，不是病理上的焦慮，而是仕現實生存壓力下生死難擇的靈魂衝突，也是魯迅對死亡的一種深刻體驗。

　　人與生存的外部世界及個體生命的有限性發生關聯時，總會被生命衰敗所提醒的死亡意識所困擾，感受到疑惑、不安、危機等生命體驗，這就是死亡焦慮。汪暉說：「在《野草》中，死亡主題不僅佔有中心地位，而且對死亡的闡釋和態度構成了《野草》哲學的重要內容和基本邏輯。」「『死亡』意象實際上也就是凝結了的生命意象──《野草》把死亡轉化爲對生命形態和生命意義的思考，這絕不是一般的藝術方法（如象徵）的需要，而是以這種深刻的哲思爲基礎的。」﹝註 10﹞王乾坤也認爲，「《野草》最厚實的土壤是作者

﹝註 8﹞　〔日〕木山英雄：《〈野草〉的詩與「哲學」》，趙京華譯，《魯迅研究月刊》1999
　　　　　年第 9 期。
﹝註 9﹞　賓恩海：《論魯迅〈野草〉的生命意識》，《北方論叢》2006 年第 3 期。
﹝註 10﹞　汪暉：《〈野草〉的人生哲學》，《反抗絕望──魯迅及其文學世界》，北京三聯

蓄之已久的精神世界」，「《野草》所傾聽的、所傳達的，是人的靈魂，是心音」。
〔註11〕

　　文學中的「絕望」往往是焦慮情緒和憂鬱思想交織在一起形成的情感狀態。創作於北洋軍閥治下北平黑暗時代的《野草》，處處彌漫著這種絕望情緒，用魯迅自己的話說，《野草》是由他的「黯淡的情緒和受苦的情感澆灌的廢弛的地獄邊沿的慘白色小花」（《〈野草〉英文譯本序》）。在充滿罪惡的環境下，魯迅對現實人生痛苦絕望的焦慮體驗也隨之產生。社會太過黑暗，現實壓得人喘不過氣來，面對如此艱險複雜的情況，儘管魯迅是一個頑強的戰士，仍不免產生絕望、消沉和頹唐的情緒。因此，他始終存在著難以釋然的內心焦灼，感受不到希望的存在，甚至充滿著無法言傳的頹廢與絕望：「沒有愛憎，沒有哀樂，也沒有顏色和聲音」，「希望，希望，用這希望的盾，抗拒那空虛中的暗夜的襲來，雖然盾後面也依然是空虛中的暗夜」（《希望》）。《野草》裏經常出現這類黯淡的字句，在這些絕望的文字背後，隱藏的是魯迅對他所感知的半殖民地半封建社會現實中一時抗爭不成而又需不斷反擊的焦慮心態。在論述《野草》的自我選擇與反抗絕望主題時，汪暉強調，「意識到荒誕，意識到生命過程與死亡的持續聯繫，意識到不明不暗、充滿灰土、敵意、冷漠的世界對自己的限制，意識到死甚至比生更為偶然與殘酷，終於把個體置於徹底而深刻的『絕望』境地。但『絕望』僅僅是《野草》哲學的出發點，由此魯迅將引申出面對作為難以理解的和限制自己的力量而被體驗到的世界的行為準則，引申出對自我的生存態度的種種調整。」這就是「確認了自我的有限性和世界的荒誕性之後的抗戰──絕望的抗戰」〔註12〕。

　　這種焦慮不僅體現在否定絕望上，也體現在否定希望上。1925 年 3 月 8日，魯迅在致許廣平的信中說：「我的作品，太黑暗了，因為我只覺得『惟黑暗與虛無』乃是『實有』，卻偏要向這些作絕望的抗戰，所以很多著偏激的聲音。其實這或者是年齡和經歷的關係，也許未必一定正確的，因為我終於不能證實：惟黑暗與虛無乃是實有。」〔註13〕魯迅盡力去尋求希望，用「希望之盾」，「希望之歌」，反抗這種絕望，但最終得到的結果卻是「絕望之為虛妄，

　　　書店 2008 年版，第 260～262 頁。
〔註11〕王乾坤：《魯迅的生命哲學》，人民文學出版社 1999 年版，第 330～331 頁。
〔註12〕汪暉：《〈野草〉的人生哲學》，《反抗絕望──魯迅及其文學世界》，北京三聯
　　　書店 2008 年版，第 268～270 頁。
〔註13〕《魯迅全集》第 11 卷，人民文學出版社 2005 年版，第 466～467。

正與希望相同」(《希望》)。

《頹敗線的顫動》中，老婦人年輕時因貧窮養不了兒女而只能出賣肉體，多年後兒女長大成人卻視年老母親爲恥辱而將其趕出家門，這裡隱藏著魯迅對惡劣生存處境下負義青年言行的憤怒，以及精神上無比失望的焦慮體驗。這個被遺棄的垂老女人「偉大如石像，然而已經荒廢的，頹敗的身軀的全面都顫動了」，她的內心充斥著「如荒海一樣」無邊的悲涼和失望，對她而言，絕望無法擺脫，希望又遙不可及，終於選擇了走向無邊的荒野，遺棄背後一切的委屈與苦痛，「冷罵和毒笑」，舉手向天呼出「非人間的無詞的言語」，而這種面對天地的無言卻是令人震撼和顫慄的最淒屬的控訴，這樣的控訴傳達了魯迅作爲先覺者被利用後卻被謾罵攻擊的內心深處的極端痛苦與憤怒的焦慮體驗。〔註14〕

在《復仇》《死後》《過客》中，魯迅不斷刻畫著一種在絕望中內心撕裂般的焦慮痛楚。在這樣的焦灼體驗中，魯迅肩負著沉重的壓力，雖然深感絕望，「即使明知道後來的命運未必勝於過去」，但卻自覺反抗「從新再來」。(《兩地書·29》)在魯迅看來，「明知前路是墳而偏要走，就是反抗絕望，因爲我以爲絕望而反抗者難，比因希望而戰鬥者更勇猛，更悲壯。」〔註15〕汪暉和解志熙用西方存在主義哲學觀點分析魯迅作品主旨，對魯迅思想的深入剖析：「《野草》並非就事論事之作，亦非泛泛而談，而確實對人的存在問題有著超越性的理解。⋯⋯意識到人連同他所在的整個存在世界的黑暗、虛無與荒誕，這不是魯迅存在思想的終點，而是其起點。」「魯迅使我們看到，人恰是在意識到自己連同整個世界的虛無和人生的荒誕並爲此而絕望而焦慮時，才有可能發現自己，發現了自己存在的本然處境，並被迫對自己負責，走上自我創造和自我選擇之路。」「魯迅的眞正深刻處在於，他不僅無畏地正視死亡這一必然的境遇，而且進一步從死亡這一本屬將來才會發生的事實回溯人的當前和過去的存在，並據此來籌劃人的未來，從而深刻地引發出了死亡在人的生命存在中的認識功能和創造功能。」〔註16〕「人必須對現實負責，必須對絕望的世界和絕望的自我進行抗戰，否則你便『有罪』——『罪』的意識使『我』的一切反抗成爲一種絕對不可推卸的內心需要：由此，內心

〔註14〕孫玉石：《〈野草〉研究》，北京大學出版社 2007 年版，第 108～109 頁。

〔註15〕《魯迅全集》第 11 卷，人民文學出版社 2005 年版，第 477。

〔註16〕解志熙：《彷徨中的人生探尋——論〈野草〉的哲學意蘊》，《魯迅研究月刊》
　　　　1999 年第 9 期。

的虛無與黑暗恰恰成為『我』的自我選擇、自由創造的根據。」〔註 17〕

　　文學創作中的焦慮多是由作家所體悟到的現實境況與他孜孜以求的人生理想之間的差異和衝突引起的。對魯迅來說，引起他早期焦慮的因素是複雜豐富的，如文化轉型帶來的沉重壓力，價值觀世界觀的斷裂，個人婚姻生活的不幸，社會角色的轉變，生理需要的缺失，以及由於絕望、孤獨所造成的情緒的不穩定等，都使作家產生了苦悶壓抑和焦慮不安的生命體驗，並通過《野草》呈現了他生命體驗的哲理化探索歷程。

<h2 style="text-align:center">三</h2>

　　魯迅曾對朋友說，他的哲學都包括在《野草》裏面。〔註 18〕焦慮的存在一方面使他感受到內心的痛苦、掙扎與希翼，另一方面也使他獲得了正視自己、批判自我的勇氣。在經歷了性靈情欲的掙扎與內心特有的焦慮體驗後，魯迅最終找到了一個轉化的宣泄渠道——反向形成，把被動的焦慮體驗化為主動面對，變消極為積極，把焦慮轉移到文本上，並克服在現實中時刻出現的焦慮因素，才創造出了這部隱含著他生命哲學的《野草》。魯迅是想「以這一叢野草，在明與暗，生與死，過去與未來之際，獻於友與仇，人與獸，愛者與不愛者之前作證」〔註 19〕，他雖然感受到失望乃至絕望的一面，但仍要向黑暗和虛無作絕望的抗爭，並找到一種抗爭的力量，去證實死亡與朽腐的虛無，證明希望與光明的實在。「不甘於在沉默中滅亡的生命，苦苦追尋生之意義的生命，在任何世代都將存在。」〔註 20〕這才是魯迅早期反抗哲學的真正內涵，即絕望中拒斥死亡的誘惑，抗爭中拒絕淺薄的希望。個體生命體驗哲理化，魯迅早期生命中的焦慮體驗及其心理抗爭轉化的過程，本身就是與他的反抗哲學有機地統一在一起的，這也是《野草》深刻哲理內涵的實現形式。

　　魯迅當時正在翻譯廚川白村的《苦悶的象徵》，廚川主張「以藝術方式的意象扭曲投射出內在心理被壓抑的創傷。為此，它要求象徵的技巧」。李歐梵認為，「在《野草》中極易發現三個互相交織的層次：召喚的、意象的、隱喻

〔註 17〕 汪暉：《〈野草〉的人生哲學》，《反抗絕望——魯迅及其文學世界》，北京三聯
　　　　 書店 2008 年版，第 274 頁。
〔註 18〕 章衣萍：《古廟雜談（五）》，《京報副刊》，1925 年 3 月 31 日。
〔註 19〕 魯迅：《野草‧題辭》，《魯迅序跋集》，山東畫報出版社 2004 年版，第 15 頁。
〔註 20〕 田松：《不朽的〈野草〉》，《中國青年報》，2000 年 1 月 11 日第 9 版。

的。……他的語言卻很少是直接的，詞語往往是由奇異的形象組成，整篇的語境有時也可以從超現實的隱喻層次會意」〔註21〕。汪暉也說，《野草》「把個人面臨複雜的世界時的感情、情緒、體驗」（如孤獨、寂寞、惶惑、苦悶、死亡、焦慮、絕望、反抗……）「置於思維的出發點和中心，試圖從主觀的方面找到人的自由的、創造性的活動和人的真正存在的基礎和原則。並通過它們去尋找環繞自身的世界的意義和作用。」〔註22〕還有學者認為，「苦難，是《野草》的原發性動因。」「《秋葉》作為情感宣泄的突破口……濃縮了一部《野草》的全部思想和心理內容，並預示了《野草》的發展進程。」「變形與虛設有聯通處，都是作者帶著主觀情感觀照事物時對對象的客觀屬性的改變。當對象的客觀屬性被改變得面目全非時，也就形同虛設了。」「更多的情形是由變形走向虛設。如人影的離形、墓中死屍的坐起發問、死火的凍結與蘇醒、裸體男女的木立至死、戰士在無物之陣中的壽終、人死後的感覺、月亮的向東邊運行以及其他一些夢幻的描寫等等，都是如此，雖然寄意幽深，卻是託詞高遠，變形——虛設，是《野草》通向象徵的重要途徑。作者對這種構形方式的偏好，帶來了《野草》色調的幽昧，質地的凝重，境界的混沌，在由能指通向所指的過程中，拓展了《野草》的內蘊」。〔註23〕

　　儘管《野草》反映了魯迅內心深處的絕望，他在其中寫下了許多虛無、晦澀、慘然和憤懣，但不能不說裏面也晃動著一絲光亮。魯迅以一種積極的態度面對絕望：反抗絕望。他「深感寂寞而又努力打破寂寞，看到絕望而又堅決否定絕望，感到希望的渺茫而又確信希望的存在」〔註24〕。正如他在《故鄉》中所言：「希望是本無所謂有，無所謂無的。這正如地上的路；其實地上本沒有路，走的人多了，也便成了路。」魯迅作《野草》，便是期盼著這「缺乏愛的滋潤的乾涸的人間」〔註25〕能多出來一些對遠方的路滿懷希望的「過客」。同時，他也始終秉持只要有道路，希望就會存在的戰鬥信念。《野草》突出描述了這樣一種精神：在確信空虛與無望之後仍然高揚抗爭與進取

〔註21〕李歐梵：《〈野草〉：希望與絕望之間的絕境》，尹慧瑉譯，《魯迅研究月刊》1991
　　　　年第 1 期。
〔註22〕汪暉：《〈野草〉的人生哲學》，《反抗絕望——魯迅及其文學世界》，北京三聯
　　　　書店 2008 年版，第 284 頁。
〔註23〕劉彥榮：《論〈野草〉的心理過程》，《魯迅研究月刊》1995 年第 12 期。
〔註24〕袁良：《當代魯迅研究史》，陝西人民教育出版社 1992 年版，第 489 頁。
〔註25〕李怡：《為了現代的人生——魯迅閱讀筆記》，上海教育出版社 2004 年版，第
　　　　120 頁。

精神，也就是「過客」精神。這種精神不僅體現在《過客》中，同時也體現在《秋夜》與《這樣的戰士》中：棗樹儘管被蕭瑟的秋風摧殘得落盡了葉子，但卻仍然「默默地鐵似的直刺著奇怪而高的天空」，「直刺著天空中圓滿的月亮」；戰士雖然身陷「無物之陣」的絕望處境，仍以一種明知無效卻不懈努力的精神「舉起了投槍」。這是一種絕境中卻滿懷希望的抗爭的生存姿態。〔註 26〕

　　魯迅在面對死亡問題時，並沒有陷入徹底的虛無和悲觀中，而是採取無畏的態度正視黑暗與死亡的存在，以一種由死觀生的抗爭精神來探索生命的意義。他在《墳・寫在〈墳〉後面》中把這種「解剖自我」的思想表達得十分明確：「我的確時時解剖別人，然而更多的是更無情面地解剖我自己，發表一點，酷愛溫暖的人物已經覺得冷酷了，如果全露出我的血肉來，末路正不知要到怎樣。」〔註 27〕《過客》中的「過客」帶著清醒的痛苦向死亡邁進，對死亡如此義無反顧地前行，背後隱藏的就是一種置之死地而後生的抗爭姿態。《死火》曾經選擇在冰谷中凍滅，冷卻了對未來的希望，但卻在最後一躍中投向燃燒的懷抱，以一種直面死亡的實際行動擺脫了冰凍的絕望，展現出生命的意義。汪暉認為，「『反抗絕望』的人生哲學使我們理解了魯迅藝術世界的雙重品行：它由於對自我本質的深刻理解而必然走出自身，熱烈地關注社會的和群體的問題……當他在自身生命的沉思中體悟到『反抗絕望』的人生哲學時，他同時也意識到這種『反抗』必然會外傾於外部世界：社會、歷史和文化。而在他『走出』自身的過程中，他更清晰地洞見了自身。」作為個體的生存態度和準則，恰恰構成了對「奴隸道德」的深刻否定。〔註 28〕這是一種敢於正視生命最終歸宿的勇氣，魯迅在這樣的焦慮體驗中感悟到了個體生命的另一種存在價值。

（原載《中國現代文學研究叢刊》2013 年第 8 期）

〔註 26〕 魯迅：《寫在〈墳〉後面》，選自《墳》，人民文學出版社 1980 年版，第 298 頁。
〔註 27〕 魯迅：《寫在〈墳〉後面》，選自《墳》，人民文學出版社 1980 年，第 298 頁。
〔註 28〕 汪暉：《〈野草〉的人生哲學》，《反抗絕望——魯迅及其文學世界》，北京三聯書店 2008 年版，第 277～279 頁。

倫理革命困境和傳統文化的綿延：
從《傷逝》到《寒夜》

　　從魯迅到巴金所構成的文學時空裏，顯然包含了中國現代文學發展的十分豐富而重要的信息。本文選取魯迅的《傷逝》和巴金的《寒夜》，把它們合在一處研究，是想從一個側面，即從兩者所講述的同一個類型的關於個體自我拯救和弱者無助犧牲的故事模式中，透視中國現代社會倫理變革所牽涉到的一些重大問題，研究兩位大家對這一問題的獨特思考，並由此思考中國社會現代化轉型過程中價值重建的問題。

一

　　《傷逝》的份量，是勿用置疑的。在中國現代文學史上，《傷逝》中的那個女孩第一次勇敢地喊出：「我是我自己的，他們誰也沒有干涉我的權利！」這是中國女性自我意識覺醒的莊嚴宣言。但魯迅的深刻，在於他並沒有按女性的自我覺醒方向寫她此後的美好人生，而是把一個喜劇開頭的自由戀愛故事寫成了悲劇的結局。為了愛而叛逆了家庭的子君，最後是被父親領回了家，在父親烈日一般的嚴威和旁人的賽過冰霜的冷眼底下走向了生命的盡頭，而涓生也因此陷於無盡的悔恨和悲哀之中。對於這樣一個悲劇，人們一般是按魯迅在《娜拉走後怎樣》一文中的觀點，理解成是魯迅主張青年人要把個性解放的理想與社會改造的鬥爭結合起來，爭取到經濟權，從而為個性解放和自由戀愛奠定物質基礎。這種理解，符合魯迅的現實主義精神。但我想，文學的魅力不在於它表達了某種觀念，而在於它具有廣闊的想像空間，從作者

的感性描寫中，讀者可以領悟出別樣的意義。由《傷逝》這個悲劇，我所想到的就是另外一個問題，即涓生和子君如何去從事改造社會的鬥爭，如何去獲得經濟的保障？我的意思是，要求涓生和子君自己通過鬥爭去爭取經濟上的自立，這顯然脫離了當時的實際。

　　不言而喻，當子君說「我是我自己的」這一時候，她已經確立了現代人的權利意識。她與涓生的愛情，正是建立在這樣的現代個人權利意識基礎上的。可是作品告訴我們，他們的自由戀愛碰到了現實的阻力，原因是五四時期個人主義思想雖然已經在知識分子範圍內得到了較爲普遍的認同，但在社會更爲廣大的領域還是封建思想占主導地位，在婚姻問題上還流行著「父母之命」、「媒妁之言」的傳統觀念，因而子君和涓生的自由戀愛受到了以「老東西」和「小東西」爲代表的保守勢力的干擾和誣衊。其結果，就是涓生的失業以及由此而來的一連串生存問題。到這裡，我們可以朝兩個方向進行思考，一是強調經濟基礎對於生存乃至愛情的重要性，也即作品裏由涓生的口說出的人生眞諦：「第一，便是生活。人必生活著，愛才有所附麗」；二是回過頭來分析主人公的行爲本身，這時的問題就會變成：子君與涓生他們自己對悲劇的發生究竟有沒有責任？以前的研究也曾提出這一點，比如認爲是子君的目光短淺和涓生的自私造成了悲劇，但這似乎是在批評當事者的個人品質了。如果把責任歸咎於個人的品質，難免會把作品的意義縮小，它充其量也只能成爲一個「癡心女子負心漢」的故事，沒有多少新意。那麼，子君與涓生的責任在哪裏呢？我們不妨先關注一個事實：當涓生經過思想鬥爭後打定主意要把分手的決定告訴子君時，他是有自己的理由和考慮的。他的理由是：「愛情必須時時更新，生長，創造」，而子君已經變得庸俗了，忘記了人生除了愛情還有更重要的事情。於是，他有意讓子君明白：「新的路的開闢，新的生活的再造，爲的是免得一同滅亡」。他希望子君因此可以無須顧慮，像以前一樣勇往直前。這當然是涓生的一種推託責任的藉口，但我感興趣的是他這一藉口背後的思想觀念，其實那就是五四時期開始從西方大張旗鼓地引進的個人主義。個人主義重視個人的權利，同時強調個人對自己的選擇必須承擔責任。當然，它也要處理人與人之間的關係，但它是在把個人權利置於第一位的前提下來考慮人與人之間的利益協調的。按這樣的原則，涓生顯然有權在危難中首先救出自己，而子君作爲一個人，她也必須承擔起自我生存的責任，她沒有特別的權利要求涓生犧牲一切來拯救她。五四新文化運動所

倡導的不正是這樣一種基於個人主義信仰的倫理原則嗎？陳獨秀在《敬告青年》中就明確地說：「等一人也，各有自主之權，絕無奴隸他人之權利，亦絕無以奴自處之義務」，「以其是非榮辱，聽命他人，不以自身爲本位，同個人獨立平等之人格，消滅無存，其一切善惡行爲，勢不能訴之自身意志而課以功過；謂之奴隸，誰曰不宜？」〔註1〕陳獨秀猛烈抨擊東洋民族以家族爲本位的倫理觀，頌揚西洋民族以個人爲本位的倫理觀。他把建立個人本位的倫理觀理解成是「吾人最後覺悟之最後覺悟」〔註2〕，企圖通過這樣一場倫理革命來建立一種新型的文化。

這裡不是在爲個人主義辯護，而是爲了指出個人主義從西方引進中國後所面臨的一種困境，這其實也是陳獨秀在新文化運動中倡導倫理革命時所碰到的一種困境：即個人本位原則在實踐中可能傷害到本來不應傷害的人，它在證明自己的合理性的同時又在證明著自身的不合乎社會正義，因爲它傷害的往往是弱者。當一個人以個人主義的理由爲自己的行爲辯護時，就像涓生在把分手的決定以真相不能隱滿的名義告訴子君時所做的那樣，它往往是對社會正義的傷害——這時的正義標準已經不是抹殺個人權利的封建禮教了，而是作爲弱者，像子君那樣，她有權維護自己的基本利益，要求涓生出手相幫，而不能只考慮他自己。人們批評涓生自私，甚至連涓生自己也在悔恨和痛苦，原因就是採用了這種社會正義的立場。

在西方現代社會，個人的權利得到憲法的保護，但它自身又受到法律的限定，在此基礎上形成了一種協調群己關係的能爲社會廣泛接受的文化，維持著社會的正常運轉。因而在西方，人們不會像「老東西」和「小東西」那樣對子君和涓生的自由戀愛持敵視的態度，西方的父母也不可能這樣肆無忌憚地干涉子女的婚姻。於是我們不得不承認，在西方有效的個人主義原則，到了中國遇到了問題。爲什麼？是中國的社會環境把西方的個人主義倫理原則本身所包含的維護個人權利和保證社會正義這兩者不易兼顧的矛盾放大了。這是兩種反差太大的文化碰撞所造成的結果——五四新文化運動要張揚個人本位的原則，以此改造家族本位的封建倫理觀，但一遭遇家族本位的封建倫理觀就造成了混亂。混亂既反映在當事者的沒能把握好群己關係的分寸、處置失誤，也反映在社會輿論的極端保守性上，使當事者失去了必需的

〔註1〕　陳獨秀：《敬告青年》，《青年雜誌》第1卷第1號（1915年9月15日）。
〔註2〕　陳獨秀：《吾人最後之覺悟》，《青年雜誌》第1卷第6號。

迴旋餘地。這兩方面因素結合，便把子君和涓生逼上了絕路。換言之，子君和涓生的悲劇，從其思想根源上看，可以說是個人主義的倫理原則所面臨的困境造成的，這反過來又說明了子君和涓生所生活的時代是一個從舊的扼殺個性的文化向新的給個人保留了更大空間的文化過渡的時代，這個時代在價值觀上的無序和混亂，使人和社會都處於無所適從的狀態。

按照這樣的思路來看《寒夜》，我們能發現一些什麼新的東西呢？我們發現，到《寒夜》，五四新文化運動從西方引進的個人主義的倫理觀依然沒有在中國發展出一套協調個人權利和社會正義的有效方法，子君和涓生式的痛苦和悲劇依然在汪文渲和曾樹生身上重演。

曾樹生的為難之處，是她愛著丈夫，可是這個丈夫又拖累著她；她有另外的一條路可走，可這又意味著她要拋棄處在危難之中的愛人乃至家庭。個人主義的倫理觀在這兩難處境中無法提供一個好的解決辦法——從維護個人的權利角度看，曾樹生完全可以選擇離開，去追求新的生活。婆婆對她不講理，丈夫不能給她一點安慰，這個家庭沒有生氣，她如果離去，不應受到太多的責難，正如汪文渲最後也同意了她走一樣。可是從公平和正義的角度看，她又不能離去，因為這個家少不了她，她不能光為了自己，何況她還愛著丈夫和孩子。所以問題又回到了為了愛或者社會的公平和正義，應不應放棄個人的自由和權利？曾樹生的所有苦惱都是因此而來的，整部小說也是圍繞這一中心展開矛盾衝突的，而且寫得扣人心弦。

巴金之所以對個人自救和救人的兩難選擇會如此感興趣，一個重要的原因就是這一問題到1940年代依然沒有很好地解決，它依然牽動著社會方方面面的心，吸引著人們的注意力。有許多人為此操心，就像曾樹生和汪文渲要為此經受痛苦一樣。這同時也說明，從五四新文化運動開始的倫理革命，由於中國特殊的傳統和社會狀況，到1940年代依然沒有很好地完成，它還需要人們不斷地思考和探索。

二

在個人本位的倫理原則所遭遇的處境中，其實有三種可供選擇的解決方案：一是絕對的個人本位，二是絕對的家族（集體）本位，三是遊移於這兩者之間。雖然不能說西方現代文化強調絕對的個人本位，中國的傳統文化強調絕對的家族本位，這樣說肯定是簡單化了，但相比較而言，西方現代文化

更強調個人的權利，要在維護個人權利的前提下來實現社會的正義，而中國的傳統文化則是傾向於家族本位的，主張個人利益要服從家族的利益，甚至要爲集體利益貢獻個人的一切。在西方，也有英雄主義的行爲和自我犧牲的精神，但這是以個人的自覺爲前提的。也就是說，社會不能超出法律的規定，以「我」所不認可的理念要求「我」做出完全的犧牲。即使需要犧牲，那也必須是「我」所認可的，是「我」爲「我」所認可的理念或者目標去犧牲。這樣的自我犧牲，其實就是主體權利的一種體現。它在行使時主動權掌握在「我」的手中。而在傳統的中國，要求個人無條件地服從家族（集體）利益，服從社會通行的價值標準，有時就不得不做出犧牲，僅僅是爲了成全自己的名節。這時，個人的選擇權就被削弱甚至剝奪了，人便成了陳獨秀所批判過的那種思想的奴隸。五四新文化運動顚覆了中國傳統的家族本位的倫理觀念，爲新的尊重個性、尊重個人權利的倫理觀的確立開闢了道路，但歷史證明，這條道路是相當漫長的。在相當長的一個時期裏，中國人在倫理觀的選擇上只能游移於個人本位和家族（集體）本位之間，因此產生種種思想和情感的錯位和困惑，甚至要爲此付出沉重的代價。

按之藝術想像的世界，如果按照個人本位的倫理原則來處理自我與他者的關係，就可能產生像《紅與黑》中的於連這樣的爲個人利益而不擇手段的個人主義英雄形象，或者是陀思妥耶夫斯基筆下那種充滿私欲的人物，讓這些人物在私欲的驅使下犯下罪行，然後再來到上帝的面前進行懺悔。無論是哪一種情形，都能寫出作者對人物靈魂審視的深刻和拷問的嚴厲。在藝術想像的世界中，如果按照家族（集體）本位的原則來處理人我關係，則一般情況下難以達到人物靈魂揭示的驚人深度，因爲自我的克制、情感的壓抑，使個體在面臨與家族和集體的衝突時難以充分展現內在的力量，還沒有等到矛盾不可調和時，人就已經以自我犧牲的姿態退讓了，從而維護了社會的和諧與平靜，當然也要留下一些令人唏噓的傷感。跟於連式悲劇中洋溢著的個人激情要突破社會規範噴湧而出的灼人氣勢不同，中國式的人與人之間的矛盾所造成的悲劇，總是保持了一種情感內斂的溫和風格。

子君和涓生的悲劇，曾樹生和汪文渲的悲劇，其特點正好介於上述兩種悲劇之間。涓生和曾樹生看重個人的前程，可是他們放不下愛人和家庭；他們意識到自己所承擔的責任，可是又不願意無私地奉獻自我。這種游移不定的立場，反映了他們價值觀上的不徹底性，因此反把自己置於矛盾和痛苦之

中。由於他們不願意遵循傳統的家族本位的倫理原則而無條件地爲別人犧牲自己，所以他們進行了掙扎，作品的風格也就帶著點尖銳性，產生了現代的悲劇美；但他們的掙扎都沒有達到西方文化中孕育出來的於連式人物的那種激烈程度，他們更多地受累於自己所意識到的對他者所承擔的責任，所以作品的風格總體上又是偏於中國式的溫和的。

有意思的還有作者的態度。魯迅爲什麼特別關注涓生在倫理觀上的左右爲難的處境，要竭力寫出他的內心矛盾？巴金爲什麼對曾樹生的兩難選擇特別感興趣，要加以濃筆重彩的描寫，大力渲染她的難處？我想主要是因爲魯迅和巴金自己也從轉型期的中國社會現實中感受到了這樣的矛盾和痛苦。從某種意義上說，作品中的人物的矛盾感受，正好反映了作者的類似的困惑。魯迅沒有按照個人本位原則來寫涓生心安理得地滿意於自己與子君分手的選擇，沒有設置更多的障礙來強調涓生這種於己有利的選擇的道德堅定性，沒有讓他經歷更多的挑戰證明自己的徹底的個人主義。相反，魯迅渲染了涓生的悔恨，並且強調涓生所遇到的困難超出了他所能承擔的限度，比如他對強大的封建輿論所造成的後果——失業——顯得那樣的無能爲力，他到處託人幫忙尋找新的工作，但都沒有成功，這顯然使他對子君的背叛有了幾分讓人同情的理由。也就是說，魯迅沒有更多地去展示涓生的自私，他的無情，而是強調他的無奈和事後的無窮悔恨。這說明魯迅沒有像司湯達寫於連那樣更多地去考慮涓生個人的性格因素在悲劇成因中所佔的份量，他最終是把悲劇引向了對封建輿論的批判，對個性解放的現實途徑的思考。

巴金在這方面表現得更爲突出。曾樹生在自救和救人的矛盾中，讓人產生了更多的同情。她愛著丈夫，掙錢支撐著這個家，還要忍受婆婆的無端侮辱，可以說她已經做到了仁至義盡。一邊是沒有生氣、沒有溫暖的家，待在這個家裏只有毀滅，另一邊是陳主任的誘惑所代表的新的希望。她的選擇離去，本來已經有了某種可以理解的理由。可是巴金最後還要讓她回來：她擔心丈夫的病，千里迢迢從蘭州回到重慶，回到她本來已經選擇了離開的舊家。當然，她看到的是丈夫已經死亡，孩子和婆婆不知去向。作家的這種安排，很明顯不符合人物的性格邏輯。因爲曾樹生儘管矛盾動搖著，但當最後她決定跟陳主任去蘭州時，其情感天秤已經向陳主任傾斜了。因此當汪文渲寫信要求她先向母親表示她做媳婦的謙意時，她憤怒地回應說：「你希望我頂著『妍頭』的招牌，當一個任她辱罵的奴隸媳婦，好給你換來甜蜜的家庭

生活。你真是在做夢。」她提出了離婚，而汪文渲也基於他對妻子的歉意和他一貫的軟弱性格答應了這一要求。這表明，他們的分手不是一時的感情衝動，而是各種矛盾不可調和的一個結果。按這樣的邏輯，曾樹生最後的突然回到重慶，探望兩個月不見音訊的丈夫，就顯得非常突兀了。是她的良心不安？是她對丈夫和兒子的牽掛？是她為自己贖罪？都不是理由。因為這些都是她離家出走時已經存在的因素，她當時就應該已經預見到或者已經考慮過的。為了兒子嗎？可她回來主要是衝著丈夫的，兒子並沒有成為她回來時考慮的重點。她回來是想瞭解情況？那她期望看到的又是什麼樣的情況呢——是丈夫的死亡，她來盡一份最後的責任安葬他以減少良心上的不安？但如果是這樣，那她的心情就不應該是作品裏所寫的那樣充滿一家人團聚的期待和夢想，而是應該有明確的打算的。我的意思是，曾樹生不是不可能回來，但不應該是懷著作品所寫的那種心情回來。於是，剩下的就只有兩種解釋了，一是她的心智出了問題，行為不合常理，可是看她回到她住過的老房子時的表現，顯然又不像是一個思維有問題的人。那麼，最後就只能把人物性格上的這種內在矛盾歸結為作家的主觀設計所造成的了，也就是說這是作家出於某種需要所期望的一種效果。巴金所期望的效果，就是讓曾樹生回來，改善她的形象，好把讀者可能針對曾樹生的個人品質的指責轉化為對社會的控訴。〔註3〕

　　中國現代作家在藝術想像中處理個人權利和義務的衝突時，對人物的個性因素不抱很高的熱情，而總是把主要興趣放在探討悲劇的社會根源上，我認為這正是中國傳統文化對現代作家依然具有重大影響力的一種表現。中國傳統文化關注人際關係，不像西方文化那樣強調人的個性，所以中國人考慮問題時，總是著眼於人與人的關係、人與社會的關係，而人與自我的關係則放到了相對次要的地位。雖然五四新文化運動揭起了徹底反封建的旗幟，但傳統文化已經積澱在人的思維形式裏，積澱在人的價值判斷標準裏，它以一種新的形式延續下來了。現代中國人的靈魂深處依然存在著傳統文化的情結，表現出了對社會問題的關心，而沒有走向絕對的個人主義的道路上去。因而現代的作品給人的一種感覺，不像一些西方名著那樣去表現悲劇的個性根源，而是強調悲劇的社會原因，把按照個人主義倫理觀可能應該由個人來

〔註3〕　參見陳國恩：《文本的裂隙與風格的成熟——論巴金的〈寒夜〉》，《西南民族大學學報》2005 年第 11 期。

承擔的責任更多地推向了社會。這是中國人的思維方式，是中國文化精神的集中體現，因而也成了中國現代作家的民族身份的印記，成了中國現代文學的民族風格的重要組成部分。這就說明了一個問題：一個民族的文化傳統可以改造，但只要這個民族本身不滅亡，它的文化傳統是不會中斷的。

三

把《傷逝》和《寒夜》放在一起討論，目的是爲了強調中國現代作家的藝術想像具有共同的民族特點。但是，這兩個作品畢竟產生於不同的時代，出自不同作家之手。魯迅和巴金的創作個性不同，這勿用贅言，所以此處專來討論這兩部作品反映了個人主義的倫理實踐在不同的時代究竟遭遇了什麼樣的不同問題。

五四是啓蒙的時代，個性解放、戀愛自由是時代的中心話題，所以《傷逝》所關注的中心問題雖然指向社會，但立腳點卻在個人，是個人在實踐個人主義倫理原則時所遭遇的兩難情境。換言之，魯迅是把社會改造的問題放到了個性解放的平臺上來思考。就其關心人的解放、個性解放的主題而言，《傷逝》是更爲接近西方觀念的。涓生選擇了自救，表明他更關心自己的利益，在中國的讀者看來這就過於冷酷，過於自私了──他把眞實告訴了子君，卻斷絕了子君的生的希望，這一點很難得到中國讀者的諒解。從這一角度看，《傷逝》的主題，是涓生按照個人主義的倫理觀捍衛自己的利益卻與社會習俗發生了衝突，至於他和子君本來應怎樣處理相互之間的關係才更合乎人道和正義的問題，僅僅是從個人權利應該如何捍衛中引申出來的。立足於個人的權利，來思考社會改造的問題，這體現了五四時代知識分子考慮問題的特點，也可以說反映了五四的時代精神。

《寒夜》則有所不同了。《寒夜》關注的重點在社會，曾樹生的離去在作者看來，主要是家庭矛盾和社會動蕩等外在因素造成的，所以罪不在當事者，而在社會。巴金說：「整個故事就在我當時住處的四周進行，在我住房的樓上，在這座大樓的大門口，在民國路和附近的幾條街。人們躲警報，喝酒，吵架，生病……這一類的事每天都在發生。物價飛漲，生活困難，戰場失利，人心惶惶……我不論到哪裏，甚至坐在小屋內，也聽得見一般『小人物』的訴苦和呼籲。」可以說，他在作品中所描寫的，就是這種混亂困苦的生活和小人物的無助處境。他爲了替曾樹生減輕離去時的道德壓力，甚至有

意扭曲人物之間的關係（當然，做得很巧妙，顯示了巴金的藝術功力）。汪母與媳婦之間的衝突，在我看來，涉及到她對兒子的親情，作爲母親的她居然會愚蠢到看不清媳婦是兒子的生命依靠，她一次次地傷害了媳婦，其實也一步步地把兒子推向了絕望的深淵。如果不是她心智出了問題，就是作者有意安排的，作者的目的就是讓曾樹生的離去有一個能讓人接受的理由。巴金最終又讓曾樹生回來，如前所言，也是爲了實現他預期的一種效果：讓曾樹生回來看到家破人亡的結局，這是一個震撼心靈的悲劇，一方面能突出曾樹生的善良，另一方面又可因此加大小說對這個社會的控訴力度，就像巴金自己說的：「我有意把結局寫得陰暗，絕望，沒有出路，使小說成爲我所謂的『沉痛的控訴』」。〔註4〕

由於巴金意在控訴社會，因此《寒夜》是可以進行社會學的闡釋的，甚至可以進行政治化的解讀。巴金在寫於 1961 年的《談〈寒夜〉》一文中說：「我寫這部小說正是想說明：好人得不到好報。我的目的無非要讓人看見蔣介石國民黨統治下的社會是個什麼樣子。」〔註5〕「一九四五年重慶霍亂流行，而重慶市衛生局局長卻偏偏大言不慚，公開否認……我在《第四病室》的《小引》裏『表揚』了他的『德政』，我又在《寒夜》裏介紹了這個『陪都』唯一的時疫醫院。倘使沒有那位局長的『德政』，鍾老也很可能活下去，他在小說裏當然不是非死不可的人。」〔註6〕這種政治化的闡釋，反映出巴金在 1960 年代初的思想情形，但也說明了《寒夜》本身是可以進行政治化的闡釋的。從社會批判到政治批判，性質雖然不盡相同，而大方向卻是一致的。巴金的作品在其基本觀念上與左翼文學當然很不一樣，但卻一直被左翼文學陣營（文革時期除外）所認可和接受，根本的原因就是他的小說符合注重社會控訴效果的左翼文學的標準，《寒夜》就是其中的一個成功例子。

從魯迅的《傷逝》重點關注個人的道德選擇問題，到巴金的《寒夜》重點控訴社會的罪惡，這一變化顯示了時代的變遷，但從文學自身方面看，也可以說是左翼文學傳統對現代文學發展的重大影響造成的，它與左翼文學的發展方向是一致的。

《寒夜》與《傷逝》相比的另一個不同，是女性在藝術世界中的地位發生了變化。在《傷逝》中，作爲個人主義倫理革命實踐的犧牲者、處於弱者

〔註4〕　巴金：《談〈寒夜〉》，《寒夜》，上海文藝出版社 1980 版，第 283 頁。
〔註5〕　巴金：《談〈寒夜〉》，《寒夜》，上海文藝出版社 1980 版，第 283 頁。
〔註6〕　巴金：《談〈寒夜〉》，《寒夜》，上海文藝出版社 1980 版，第 293 頁。

地位的是女性。子君因為愛而勇敢，可是當這愛本身即將消逝的時候，她就很快陷於滅頂之災了。她一無所有，只能寄希望於涓生的不離不棄，所以她開始要涓生溫習往事，逼他做出許多虛偽的溫存的答案來，好像一個無助的孩子拉著大人的衣角方能感到安全。當她最後被迫離開時，她還把家中僅剩的一點鹽和乾辣椒、麵粉、半株白菜歸弄在一處，在不言中教涓生能藉此去維持較久的生活。這種寫法，顯然意在突出子君的善良和無助。寫她的善良，是加強對涓生的個人主義倫理革命的批評；寫她的無助，表明女性在五四時期的社會地位非常脆弱，足以讓人對她們產生同情。這是符合那個時代的實際情況的，這也反映了魯迅的清醒的現實主義精神。

到了《寒夜》，個人的強弱對比在性別上發生了反轉：處於強者地位的換成了女性，而男性反過來處於弱小的位置。這一變化當然有作家創作個性因素的作用在內，因為在巴金的藝術世界中，除開早期的無政府主義革命者的形象，凡是家庭中的男性他寫得最好的就是覺新型的人物，其中就有《寒夜》中的汪文渲。巴金這樣寫，與他大哥的性格及命運對他的強烈刺激有關，這從覺新的形象和巴金關於《家》的說明中可以看出。到了《寒夜》，這種創作風格延續下來，覺新的性格在汪文渲身上復活了。可以說，讓汪文渲處於軟弱可憐、受盡煎熬的地位，這是巴金所期望的一種藝術狀態，他的藝術想像的才華在這樣的情境中方能夠得到淋漓盡致的發揮。他需要一種悲情，需要與小人物一起哭泣，以表達他對這個不公道的社會的控訴。一句話，寫汪文渲這樣的軟弱人物，是巴金創作風格的重要組成部分。當然，從五四時代到1940 年代，生活中出現了一些新的情況，女性的社會地位已經大大提高，她們不再像子君那樣沒有工作，沒有獨立的社會地位，而是成了職業女性，擁有了可能並不比男性差的經濟基礎。當巴金寫《寒夜》需要為汪文渲設置一個對立面，以突出他的軟弱和可憐時，就自然出現了曾樹生這樣的一個人物。換言之，曾樹生的出現，包括她的個性，她的社會身份，她的抗爭，這一切設計，既是為了映襯汪文渲的悲劇命運，也是為了提出一個個人自救和救人的兩難選擇在新的時代所面臨的新問題。這個新問題的核心部分，就是個人利益的衛護，個人主義的倫理實踐，到了1940 年代，已經更多地與社會問題糾纏在一起，比五四時期更難以獨立地解決了。因此，讓汪文渲在抗戰勝利的那一刻死去，讓曾樹生在兩個月不見丈夫音訊後回來，就既是小說的藝術邏輯的需要，也是作者表達主題的需要。不過無論是哪一種情況，卻都反映

了一個共同的事實，即到了創作《寒夜》的時代，女性的地位已經今非昔比，
她們的命運與五四時代大不一樣了。所以圍繞她們的命運來探討個人主義的
倫理革命所可能引發的問題，其意義就不如把這一問題引向對社會的控訴更
容易實現，也更能被這個時代所接受了。於是，《寒夜》在處理個人自救和救
人這一個人主義倫理革命的兩難選擇問題時表現出了不同於《傷逝》的特點，
即進一步向社會控訴的方向傾斜，也就順理成章。

（原載《貴州社會科學》2010 年第 3 期）

「他者」眼中的魯迅：
以夏志清、司馬長風、顧彬爲例 [註1]

一

魯迅是誰？不同時代的讀者可能會得出完全不同的答案。如果從 1913 年惲鐵樵對魯迅的文言小說《懷舊》評論開始算起，魯迅研究已經走過了整整一個世紀的歷程。一百年來，研究者對魯迅形象的描述從沒間斷過，建構了各自心目中的「魯迅」。作爲中國現代社會的一個「卡里斯瑪典型」，魯迅不斷地被各種利益集團所援引，成爲一個特殊的文化符號逐漸地被經典化。在中國大陸較爲正統的現代文學史著中，魯迅成爲不同時代的文學史家書寫的重中之重，他是「五四運動的先驅者」、「左翼文藝運動的旗手」、「無產階級文學的偉大導師和精神領袖」、「中國現代文學的奠基者」、「中國現代小說之父」等。1940 年，毛澤東發表了《新民主主義論》，提出「魯迅的方向，就是中華民族新文化的方向」。這一結論此後被放大，魯迅終於成爲了「新中國的第一等聖人」和「黨外的布爾什維克」。1949 年後，大陸文學史家編纂中國新文學史都遵照新民主主義的思想，如王瑤的《中國新文學史稿》、丁易的《中國現代文學史略》、張畢來的《新文學史綱》、劉綬松的《中國新文學史初稿》、蔡儀的《中國新文學史講話》等一系列影響深遠的文學史著，都是遵循此種政治邏輯來進行編纂的。因此，汪暉說：「魯迅形象是被中國革命領袖作爲這個革命的意識形態的或文化的權威而建立起來的，從基本的方面說，那以後

[註1] 本文與禹權恒合作。

魯迅研究所做的一切，僅僅是完善和豐富這一新文化權威的形象，其結果是政治權威對於相應的意識形態權威的要求成爲魯迅研究的最高結論，魯迅研究本身，不管他的研究者自覺與否，同時也就具有了某些政治意識形態的性質。」〔註2〕然而，魯迅是一個非常豐富的人物，這就決定了任何對魯迅形象的塑造，都和魯迅本體之間可能存在著部分差距。倘若從不同的政治立場和審美趣味來看，魯迅必然會呈現出不同的多副面孔，而這也可能是魯迅研究日益走向深入的必由之路。

20 世紀 60 年代後，與中國大陸較爲正統的文學史家不同，夏志清、司馬長風、顧彬等人由於置身於紅色意識形態之外，或者說他們受到極左政治思潮的影響小，爲他們從另外角度認識魯迅提供了客觀條件。因此，夏志清《中國現代小說史》、司馬長風《中國新文學史》、顧彬《二十世紀中國文學史》，建構起了一種區別於大陸正統意義的「另類」魯迅形象，令人耳目一新。雖然他們處於不同的時代和國度，但是他們都對魯迅作出了相對比較獨立的評價和判斷，部分觀點的學理性較強，值得大陸的魯迅研究界借鑒。當然，由於他們的知識結構和評價標準迥然不同，他們對魯迅及其作品的認識也必然會存在差異，甚至某些結論是和歷史上的魯迅相悖離的。然而，正是他們塑造的這些「另類」魯迅形象，爲我們重新關照魯迅提供了另一種視角，可以推動魯迅研究走向新階段。

二

夏志清是中國現代小說史研究領域的開拓性人物，其早期代表作《中國現代小說史》於 1961 年由耶魯大學出版社出版。夏志清當時是用英文寫作這本書的。《中國現代小說史》分別於 1979 年和 1991 年在臺灣和香港出版中譯繁體版。復旦大學出版社於 2005 年在中國內地出版刪減版，旋即掀起了一股廣泛的評價熱潮。全書分三編，共十九章。夏志清把中國現代小說史主要分爲三個時期，初期（1917 年～1927 年），成長的十年（1928 年～1937 年），抗戰期間及勝利以後（1937 年～1957 年）。其中，夏志清在論述魯迅的時候，開篇就說：「魯迅是中國最早用西式新體寫小說的人，也被公認最偉大的現代中國作家。在他一生最後的六年中，他是左翼報刊讀者群心目中的文化界偶像。自從他於 1936 年逝世之後，他的聲譽更越來越神話化了。」

〔註2〕汪暉：《無地彷徨——五四及其回聲》，浙江文藝出版社 1994 年版，第 251 頁。

「這種殊榮當然是中共的製造品。在中共爭權的過程中，魯迅被認爲是一個受人愛戴的愛國的反政府發言人，對共產黨非常有利。」〔註3〕可以看出，夏志清在書中帶有非常鮮明的反共傾向，此種傾向貫穿於全書。緊接著，他詳細地介紹了魯迅的生平，對魯迅的短篇小說集《吶喊》中的《狂人日記》、《孔乙己》、《藥》、《故鄉》、《阿Q正傳》作出了自己的獨立評價。其中，他在評價《阿Q正傳》時說：「《吶喊》集中最長的一篇小說當然是《阿Q正傳》，它也是現代中國小說中唯一享有國際盛譽的作品。然而，就它的藝術價值而論，這篇小說顯然受到過譽：它的結構很機械，格調也近似插科打諢。這些缺點，可能是創作環境的關係。」〔註4〕接著，夏志清論述了《彷徨》中的短篇小說《祝福》、《在酒樓上》、《肥皂》、《離婚》，並把《彷徨》與《吶喊》的風格進行了比較，他說：「《彷徨》收集了一九二四至二五年間寫成的十五篇小說，就總體而論，這一個集子比《吶喊》更好，但是由於它主要的氣氛是悲觀沮喪的，所以並沒有受到更熱烈的好評。」〔註5〕夏志清在論《肥皂》時說：「就寫作技巧來看，《肥皂》是魯迅最成功的作品，因爲它比其他作品更能充分地表現魯迅敏銳的諷刺感。這種諷刺感，可見於四銘的言談舉止。而且，故事的諷刺性背後，有一個精妙的象徵，女乞丐的骯髒破爛衣裳，和四銘想像中她洗乾淨了的赤裸身體，一方面代表四銘表面上讚揚的破舊的道學正統，另一方面則代表四銘受不住而做的貪淫的白日夢。」〔註6〕這種迥異於正統文學史家的「異見」，非常鮮明地折射出夏志清的特殊的審美趣味。夏志清還論述了魯迅生命後期的文學創作，他認爲此一時期的魯迅思想是既不左也不右，變得完全孤立起來。在解讀魯迅後期雜文創作時，夏志清說：「作爲諷刺民國成立二十年來的壞風惡習來看，魯迅的雜文非常有娛樂性，但是因爲他基本的觀點不多——即使是發揮得淋漓盡致——所以他十五本雜文給人的印象是搬弄是非、囉囉嗦嗦。我們對魯迅更基本的一個批評是：作爲一個世事的諷刺評論家，魯迅自己並不能避免他那個時代的感情偏

〔註3〕　夏志清：《中國現代小說史》，劉紹銘等譯，香港中文大學出版社2001年版，第27頁。
〔註4〕　夏志清：《中國現代小說史》，劉紹銘等譯，香港中文大學出版社2001年版，第33頁。
〔註5〕　夏志清：《中國現代小說史》，劉紹銘等譯，香港中文大學出版社2001年版，第35頁。
〔註6〕　夏志清：《中國現代小說史》，劉紹銘等譯，香港中文大學出版社2001年版，第39頁。

見。且不說他晚年的雜文（在這些文章裏，他對蘇聯阿諛的態度，破壞了他愛國的態度），在他一生的寫作經歷中，對青年和窮人，特別是青年，一直採取一種寬懷的態度。這種態度，事實上就是一種不易給人點破的溫情主義的表現。」〔註 7〕針對這種「溫情主義」，夏志清認為在魯迅較差的小說《孤獨者》中具有深切的表現。最後，夏志清對魯迅做了一個總體性評價：「就長遠的眼光看來，雖然魯迅是一個會眞正震怒的人，而且在憤怒時他會非常自以爲是（對於日後在暴政下度日的中共作家來說，這種反抗精神是魯迅留給他們的最寶貴的遺產），他自己造成的溫情主義使他不能夠躋身於世界名諷刺家——從賀瑞斯、班強生到赫胥黎之列。這些名家對於老幼貧富一視同仁，對所有的罪惡予以攻擊。魯迅特別注意顯而易見的傳統惡習，但卻縱容，甚而後來主動地鼓勵粗暴和非理性勢力的猖獗。這些勢力，日後已經證明比停滯和頹廢本身更能破壞文明。大體上說來，魯迅爲其時代所擺佈，而不能算是他那個時代的導師和諷刺家。」〔註 8〕由此可見，夏志清在評價魯迅時，由於置身於美國自由主義的文化語境，遵循的是迥異於中國大陸主流意識形態的政治邏輯，使他可以根據自己的獨立理解來任意言說，部分評價帶有明顯的基於政治觀點的非理性色彩。

司馬長風的《中國新文學史》共三卷，上卷於 1975 年出版，中、下兩卷分別於 1976 和 1978 年由香港昭明出版社出版。司馬長風研究領域本是中國政治思想史，後來才逐漸轉到文學以及文學史研究。他不滿 20 世紀 50 年代中國大陸政治對文學的粗暴干涉，以及先驅作家們盲目模仿歐美文學所致積重難返的附庸意識。爲了避免中國大陸新文學史寫作過程中的千篇一律，防止出現以政治尺度代替文學尺度的弊端，他決心以純文學的立場來重新編纂中國新文學史。司馬長風在介紹了文學革命（1915～1918）之後，把中國新文學史發展劃分爲四個時期：誕生期（1918～1920）、成長期（1921～1928）、收穫期（1929～1937）、凋零期（1938～1949）。他認爲文學史之所以要劃分時期，主要是因爲：「第一，就文學史的全程來說，適當的分期可顯露發展的大勢，流變的關鍵，從而瞭解全程的特點，把握其精神；第二，就個別的分

〔註 7〕 夏志清：《中國現代小說史》，劉紹銘等譯，香港中文大學出版社 2001 年版，第 45 頁。

〔註 8〕 夏志清：《中國現代小說史》，劉紹銘等譯，香港中文大學出版社 2001 年版，第 46 頁。

期來說，可以突出該時期的特點，便於人們瞭解和研究。」〔註9〕在第五章《新文學的誕生和勝利》中，司馬長風詳細論述魯迅的第一篇短篇白話小說《狂人日記》。他首先予以肯定，說：「用日記體寫小說，在中國是首創；用白話寫沒有故事的小說更是首創；但憑寫一個瘋子的胡言亂道，渾然成一個完整的創作，這些都是了不得的成就。對於一篇初試啼聲的小說，我們只有無條件的喝彩。」〔註10〕但他轉而又對魯迅前期小說作了微諷：「所謂受上述觀點的限制，是說把小說（也可以說是文學）看成了改良社會的工具，在他看來，小說並不是爲了表現藝術的美，而是利用小說形式，藝術裝飾來傳達改良社會的思想，來激動人們去改良社會。只要能達這個目的，他便不再多做藝術加工，因此藝術之肉每每包不住改良社會之骨，作品未免太寒素，有時太簡陋了，又因爲不太去寫風月，使作品缺乏色彩和情調。讀來如置身在陰暗天幕下的冰原上。」〔註11〕在第八章《魯迅小說——一枝獨秀》中，司馬長風對魯迅其他作品作了深入分析。首先，他討論了魯迅前期小說《孔乙己》、《藥》、《故鄉》的主要思想內容和藝術特色。然後對代表作《阿Q正傳》做了再評價，指出此小說存在的諸多缺陷：小說的部分用語缺乏大眾化的特點，主人公沒有統一的個性特徵，以及主題和內容都是一個灰冷絕望的世界。此種看法明顯區別於20世紀50年代大陸正統的新文學史著對《阿Q正傳》的評價，可以看出司馬長風不迷信大陸廣爲流行的所謂「正確」觀點，獨獨癡迷於自己個人的判斷。仕第十一章《短篇小說欣欣向榮（上）》中，作者對魯迅的《肥皂》、《離婚》以及《在酒樓上》作了高度肯定，旋又對魯迅和郁達夫進行了有意味的比較，話語中暗含著許多值得我們深思的東西。他一開始就盛讚郁達夫的小說在魯迅之上，說：「《沉淪》辭藻的淒婉生動，情意的眞摯純粹，當時文壇確無人能及。即使魯迅小說也不行。魯迅的文字比郁達夫凝練、冷雋，但是從審美眼光來看，不過是一把晶光發亮的匕首；可是郁達夫的辭藻，尤其《沉淪》裏的辭藻，則如斜風細雨中的綠葉紅花，不但多彩並且多姿。」〔註12〕在當時的歷史條件下，此種評價可以說是非常前衛和新銳的，可以說和當時大陸的主流意識形態明顯地不相符。在這一節結束之時，

〔註9〕　司馬長風：《中國新文學史》上卷，昭明出版社1975年版，第10頁。
〔註10〕　司馬長風：《中國新文學史》上卷，昭明出版社1975年版，第68頁。
〔註11〕　司馬長風：《中國新文學史》上卷，昭明出版社1975年版，第69頁。
〔註12〕　司馬長風：《中國新文學史》上卷，昭明出版社1975年版，第154頁。

司馬長風又說：「魯迅的作品篇篇都經千錘百鍊，絕少偷工減料的爛貨，但是郁達夫則有一部分失格的作品，在謹嚴一點上，郁達夫不及魯迅。但是郁達夫由於心和腦無蔽，所寫的是一有情的真實世界，而魯迅蔽於療救病苦的信條，所寫則多是沒有布景，缺乏色彩的概念世界（只有《在酒樓上》《故鄉》少數例外）；在文學的濃度和純度上，魯迅不及郁達夫。」〔註13〕最後，司馬長風在《中國新文學史》（中卷）的第十八章《三十年代的文壇》中介紹了左聯成立前後魯迅的主要思想和社會活動。面對太陽社、後期創造社作家的圍攻，魯迅表現出非常的堅定和執著。隨後，他和「新月派」、「民族主義文藝運動」等所謂的反動文學之間發生了激烈論爭，直到1936年魯迅逝世。這裡可以看出，司馬長風對魯迅後期的文學創作活動關注較少。比如，魯迅後期的雜文、散文、以及小說創作等都沒有納入他的研究視野，更談不上做出一種比較客觀的評價了。

顧彬是當今德國著名的漢學家、作家和翻譯家。中國古典文學、中國現當代文學和中國思想史是他主要的研究領域，主要作品和譯著有《中國詩歌史》、《二十世紀中國文學史》和《魯迅選集》（六卷本）。2006年，「中國當代文學是垃圾」的說法引起了對顧彬的熱議，不過他隨後對此予以否認並做了澄清。其中，他的《二十世紀中國文學史》是在中國大陸影響較大的專著。2008年，范勁等人把它譯成中文，由華東師範大學出版社出版。顧彬在這本書的中文版序言中特別作了交代：「我和我的同輩們在文學史書寫方面最大的不同是：方法和選擇。我們不是簡單地報導，而是分析，並且提出三個帶W的問題：什麼，爲什麼以及會怎樣？舉例來說，我們的研究對象是什麼，爲什麼它會以現在的形態存在，以及如何在中國文學史內外區分類似的其他對象。」〔註14〕這部史著共三章，第一章《現代前夜的中國文學》，第二章《民國時期（1912～1949）文學》，第三章《1949年後的中國文學：國家、個人和地域》。在關於以什麼標準來遴選如此眾多的中國作家時，顧彬說：「我本人的評價主要依據語言駕馭力、形式塑造力和個體性精神的穿透力這三種習慣性標準。在這方面我的榜樣始終是魯迅，他在我眼中是20世紀無人可及也無法逾越的中國作家。除了他的重磅作品之外也有其他的零散之作能經

〔註13〕司馬長風：《中國新文學史》上卷，昭明出版社1975年版，第159頁。
〔註14〕顧彬：《二十世紀中國文學史》，范勁等譯，華東師範大學出版社2008年版，中文版序。

得起時間考驗，這對我來說是不言而喻的。」〔註15〕顧彬在該書的第二章《民國時期（1912～1949）文學》中，以《救贖的文學：魯迅和〈吶喊〉》爲題，對魯迅及其前期小說作了評價。首先，他從魯迅短篇小說集《吶喊》的譯名談起，認爲迄今爲止的種種翻譯沒有一個觸及到要害。他說：「這並不值得奇怪，因爲中國革命的反宗教特徵和將魯迅神聖化，爲社會變革的旗手的做法給這部小說集裏也許是最重要的文本的細緻閱讀製造了障礙。」〔註16〕接著，顧彬對魯迅的《吶喊》自序做了非常獨到的解讀。他說：「讀者能體驗到，作者絕不是當時青年運動的代表和支持者，經過細緻閱讀，讀者發現的毋寧說是這場運動的批評者。」「這個文本包含的不僅是那個時代歷史和苦悶史的中心形象，而且同時還呈現出了極其多樣性的主題的大雜燴——也可以說是一個萬花筒。」〔註17〕可以看出，按照顧彬的邏輯和判斷，我們許多讀者都曾對這篇序言作了不同程度的誤讀。顧彬從知識考古學的角度，詳細梳理了「曠野」意象在西方世界的意義變遷史。這個意象本身具有非常濃厚的宗教色彩，在顧彬的解讀中就體現得異常鮮明。同時，這也道出了他認爲魯迅的短篇小說集《吶喊》屬於「救贖文學」的原因。顧彬由此得出一個結論，他說：「旨在將中國從民族和社會災難中拯救出來的中國現代派的許諾，一旦被當作了宗教替代品，其結果很可能就是讓知識分子翹首期待一個超人、一個領袖，也就是一個彌賽亞式的被世俗化的聖者形象，從而無條件地獻身到革命事業中去。在這個語境下也就能看出對魯迅作品的誤讀。」〔註18〕因此，顧彬認爲，「對魯迅作品的每一解讀因此都必須從一位不可靠的作者、個別情況下甚至從一位不可靠的敘述者出發。作者與他那個時代以及他本人的距離，使他在 20 世紀的中國顯得如此獨異，只有少數中國知識分子做到了對局限性的反思，能看透文人作用的渺小。」〔註19〕顯然，顧彬在闡

〔註15〕顧彬：《二十世紀中國文學史》，范勁等譯，華東師範大學出版社 2008 年版，第 2 頁。
〔註16〕顧彬：《二十世紀中國文學史》，范勁等譯，華東師範大學出版社 2008 年版，第 31 頁。
〔註17〕顧彬：《二十世紀中國文學史》，范勁等譯，華東師範大學出版社 2008 年版，第 31 頁。
〔註18〕顧彬：《二十世紀中國文學史》，范勁等譯，華東師範大學出版社 2008 年版，第 32 頁。
〔註19〕顧彬：《二十世紀中國文學史》，范勁等譯，華東師範大學出版社 2008 年版，第 33 頁。

釋「曠野」、「國民性」、「中國形象」等和魯迅作品主題相關的許多關鍵詞時，
充分調動了他的博學多識，正是這種極為開闊的閱讀視野使他看待問題的思
路大開大合，而且他審視魯迅的許多角度是相當獨特的，塑造了一個不為我
們熟知的「另類」魯迅形象。他說：「他沒有同時代人的幼稚。正是他與自
己作品及與自己時代的保持距離構成了《吶喊》的現代性。這些小說是五四
時期最重要的文學範例，標誌著中國新文學的開端，其意義有三重性質：分
別在於新的語言、新的形式和新的世界觀領域，這已被普遍地認可為突破傳
統走向現代的標誌。」〔註20〕值得一提的是，顧彬對魯迅的《阿 Q 正傳》作
出了別具一格的評價。他說：「從某個方面說，《阿 Q 正傳》脫離了《吶喊》
從總體上看還保持著抒情性的框架。該作品缺少其他作品所表現的絕望、緊
張和壓抑，而這種特徵於第二部小說集《彷徨》中變得完全是有目共睹。」
〔註21〕

三

　　可以看出，夏志清的《中國現代小說史》是一部相當有影響但也飽受爭
議的著作。作者以融貫中西的學識、寬廣深邃的批評視野，深入探討了中國
現代小說的發展路向。本著「優美作品之發現和評價」的編寫原則，夏志清
發掘並論證了張愛玲、張天翼、錢鍾書、張天翼等重要作家的文學史地位，
使這本書成為西方研究中國現代文學的經典之窗。被他開發的這四位現代作
家，後來被譽為「文壇新四家」。劉紹銘在《夏志清傳奇》中這樣說：「夏教
授時發愕愕之言，不愧為中國文學的異見分子，《小說史》對張愛玲另眼相
看，已叫人側目。但更令道統派文史家困擾的，是他評價魯迅的文字中，一
點也看不出對這一代宗師瞻之在前、仰之彌高的痕跡。」〔註22〕這本專著成
書於五六十年代，其時中國政局動蕩多變，一切均以政治為指歸，夏教授卻
不受影響，堅持獨立立場，成一家之言。若非他具有恢宏獨到的眼光和獨排
眾議的魄力，相信該書也未必會以現在的面目與廣大讀者見面，中國現代小
說研究中也可能會改寫。作為一個身處海外的中國文學研究者，夏志清接受

〔註20〕顧彬：《二十世紀中國文學史》，范勁等譯，華東師範大學出版社 2008 年版，
　　　　第 37 頁。
〔註21〕顧彬：《二十世紀中國文學史》，范勁等譯，華東師範大學出版社 2008 年版，
　　　　第 42 頁。
〔註22〕劉紹銘：《夏志清傳奇》，《信報》，2001 年 6 月 16 日。

過正規的歐美文學教育，特別是受西方「新批評」文學思潮的影響較深，使他十分關注文本所彰顯的自身價值。而且，夏志清具有非常明顯的反共立場，尤其是對中國大陸當時的極左政治思潮極爲反感。在評價魯迅時，他以一個異見分子的立場做出自己的獨立判斷。一方面，他也承認魯迅的抗議精神使後來者深受啓發；另一方面，卻對魯迅的溫情主義以及對粗暴和非理性主義的默認的態度不滿，此種見解嚴重地動搖了魯迅在中國現代文學史上的盟主地位。換言之，夏志清極爲推崇文學本身的美學質素及修辭精髓。他在《小說史》中不遺餘力地批判那些或政治掛帥或耽於濫情的作者，認爲他們失去了對文學的鑒別力。在這一尺度下，許多左派作家自然首當其衝。因爲對他們而言，文學與政治、教化、革命的目的密不可分，甚至可以互爲利用。但是，回到當時的社會歷史語境之中，我們可以看出，夏志清對魯迅評價的部分立論基礎是有問題的，原因在於完全脫離政治因素的所謂純文學難以成立。雖然中國現代文學曾深受極左政治的侵害，但是從一個極端滑向另一個極端也是不可取的，它明顯地違背了文學發展的基本規律。所以，這種極端傾向也是值得我們警惕的。當然，夏志清對魯迅的迥異評價，爲我們塑造了一個「另類」的魯迅形象，這完全是運用一種新的視角來關照魯迅，其重要意義不容抹煞。正是在這個意義上，王德威說：「全書體制恢宏，見解獨到，對任何有志現代中國文學文化研究的學者和學生，都是不可或缺的參考資料。也因爲這本書展現出的批評視野，使夏志清得以躋身當代歐美著名評家之列，而毫不遜色。更重要的，在《中國現代小說史》初版問世近四十年後的今天，此書仍與當代的批評議題息息相關。世紀末的學者治現代中國文學史，也許碰觸夏當年無從預見的理論及材料，但少有人能在另起竈爐前，不參照、辯難或反思夏著的觀點。由於像《中國現代小說史》這樣的論述，是我們對中國文學現代化的看法，有了典範性的改變；後之來者必須在充分吸收、辯駁夏氏的觀點後，才能夠推陳出新，另創不同的典範。」〔註23〕

司馬長風的《中國新文學史》是一部較具個人特色的文學史著。當時，中國大陸剛剛從文化大革命的陰影中走出來。在過去的很長一段時間裏，由於受到極左政治思潮的嚴重衝擊，文學史研究幾乎陷入一種停滯狀態，魯迅研究可以說也是深受其害。爲了擺脫極左意識形態對文學史研究的干擾，司

〔註23〕王德威：《重讀夏志清教授〈中國現代小說史〉》，《當代作家評論》2005 年第
　　　 4 期。

馬長風花費了數年之功，寫出了一部特色鮮明的新文學史著。他在遴選中國現代諸多作家之時，完全遵循藝術至上的審美原則。他明確地說：「一是看作品所含的情感的深度和厚度，二是作品意境的純粹性和獨創性，三是表達的技巧」〔註 24〕。然而，問題在於，這種完全撇開了具體的社會歷史語境，置文學的社會性和歷史性於不顧，明顯地是一種唯心主義的治學理路。與 20 世紀 50 年代的許多新文學史著相比，司馬長風的純文學史觀具有一定的歷史進步性。他極力反對政治對文學的干預，拒斥文學為政治服務的思想，糾正了過去文學史著中的諸多偏見和錯誤。但是，此種帶有個人主義色彩的文學史著，有時會在不自覺是走向另外一種偏頗，從而喪失文學史應該具有的科學性。而且，由於當時客觀條件的諸多限制，許多應該入史的作家都沒有能夠進入司馬長風的研究視野，這就決定了這是一部殘缺不全的文學史著。其中，他在具體論述魯迅的文學創作時，對魯迅後期的許多作品語焉不詳，對他比較推崇的沈從文的文學創作大書特書。不僅如此，他經常以沈從文作品的悠長來和其他作家進行比較對照，以此作為他們在文學史上重要性的衡量標準，這明顯是一種比較主觀的治史態度。比如，他為了凸顯自己獨立的文學史觀，極力反對「文以載道」的主張，對魯迅作品中「為人生而藝術」的傾向持反對態度，他認為這是一種典型的功利主義文藝觀點。他說：「具體的說，分析不清，文學不宜載孔孟之道，也不宜載任何之道。換言之，我們反對文以載道，是從文學立場出發，認為文學自己是一客觀價值，有一獨立天地，她本身即是一種神聖目的，而不可以用任何東西束縛她，摧殘她，迫她做僕婢做妾侍。因此，把文學監禁起來，命令她載孔孟之道固然不可，載馬列之道也不可。無論載什麼道，都是把她貶成了手段，都是囚禁文學，摧殘文學，堅持下去必然造成文學的畸形發展，終至於氣息奄奄。」〔註 25〕總而言之，司馬長風的《中國新文學史》對魯迅評價，既有許多真知灼見，也有許多偏見甚至謬見，它們共同存在於文學史的敘述中。

顧彬是一位個性鮮明的德國漢學家，他對中國文學具有一種非常癡迷的偏好。在過去的四十多年的時間裏，他一直關注中國文學的發展動態，並且頗有建樹。他具有極為寬廣的世界文學視野，瞭解多國語言和文化傳統，在論述中國作家時，有時就不自覺地帶有一種「西方中心主義」的腔調。但是，

〔註24〕司馬長風：《中國新文學史》下卷，昭明出版社 1978 年版，第 100 頁。
〔註25〕司馬長風：《中國新文學史》上卷）昭明出版社 1975 年版，第 5 頁。

這一比較閱讀習慣在評價作品時給他帶來了許多靈感。顧彬非常推崇魯迅，以一種「疏離」的眼光來觀照魯迅，把魯迅視爲二十世紀中國文學史上的標杆和榜樣。可以說，他對魯迅的尊崇是發自內心的真正喜愛。顧彬十分重視魯迅作品中的「世界性因素」，認爲魯迅是一個世界性作家。比如，他十分關注魯迅《吶喊自序》中的「荒原」意象，也就是「曠野中的吶喊者」意象。他由此追溯了《聖經》、尼采以及艾略特的作品，在對比的過程中揭示了二十世紀中國文學的現代性和獨特性，即它所擔負的與民族復興相關聯的極爲艱難的啓蒙使命，以及魯迅在自序中所包含的反諷意味。但是，顧彬的肯定魯迅是和其他文學史家神化魯迅不一樣的。他是從一個獨特的角度進入魯迅作品的世界，進而發現了魯迅作品中孕育著非常典型的「憂鬱」色彩。不僅如此，顧彬也極爲讚賞魯迅散文的語言魅力，他說：「在恐怖暴政之下，魯迅成功地在開口和沉默之間發展了中國語言的各種可能性，他所採用的方式至今無人能及。他偏愛重複句式、悖論和辛辣嘲諷。他調遣著不同的語言層次：白話文與口語，口語又同文言相交雜。高雅和平白的語言運用、中西文法、本國語與外來詞構成了一種需要反覆閱讀的獨特風格」〔註 26〕。可以說，顧彬爲我們塑造了一個異樣的魯迅形象，此種形象是不爲我們所熟知的，這無疑極大地豐富了我們對於魯迅文學世界的理解。但是，在顧彬論述魯迅作品的話語中間，也存在著許多值得斟酌的地方，甚至許多立論基點是極爲不牢靠的。正是在這個意義上，陳曉明說：「不過，顧彬很難把自己的態度理順，因爲他的立足點會搖擺移動，顧彬似乎也試圖建構一個無所不能的魯迅形象，魯迅不只是身處於時代激流的前列，猛烈地批判國民性、批判封建的過去和專制的當代，但他並沒有沉醉於新文化運動，而是他與自己作品及與自己時代保持距離構成了《吶喊》的現代性。」〔註 27〕但是，不管顧彬對魯迅的論述中存在著多少不足，也不能夠無視他對這些問題的深度思考，而且這一思考極具啓迪意義。總之，顧彬的《二十世紀中國文學史》是下了極大功夫的，是一部不可多得的現代文學史著。他非常忠實於自己的藝術感覺，不受固有結論的左右，坦誠直言，且時常有十分精彩的獨立見解。顧彬爲中國

〔註26〕顧彬：《二十世紀中國文學史》，范勁等譯，華東師範大學出版社 2008 年版，
　　　　第 165 頁。
〔註27〕陳曉明：《對中國的癡迷：放逐與皈依──評顧彬的〈二十世紀中國文學史〉》，
　　　　《文藝研究》2009 年第 5 期。

現代文學史建構了一個不一樣的魯迅形象，為我們進一步理解魯迅打開了另一扇窗戶。

　　不管是夏志清的《中國現代小說史》，還是司馬長風的《中國新文學史》，抑或是顧彬的《二十世紀中國文學史》，他們在塑造魯迅形象方面的實際貢獻很大。雖然他們各自所處的歷史時代不同，但在具體評價魯迅及其作品時，他們都做出了自己的獨立判斷和思考，把對魯迅及其作品的理解真實地表達出來，為我們描述了一個另類的魯迅形象。與大陸的一些代表性文學史著相比，他們沒有把魯迅神聖化，而是從自己的價值立場和審美標準出發，為魯迅研究的長足發展開拓了一條新路徑。竹內好說：「中國文學只有不把魯迅偶像化，而是破除對魯迅的偶像化、自己否定魯迅的象徵，那麼就必然能從魯迅自身中產生出無限的、嶄新的自我。」〔註28〕任何人對魯迅的描述都不可能和歷史上的魯迅完全吻合，僅僅是有的表現得真切一點，有的塑造得不夠完美而已。通過這些研究者對魯迅的獨特理解，我們可以看出，一方面，我們必須擺脫過去極左意識形態的嚴重束縛，站在世界文學的新高度，重新審視魯迅及其文學作品的獨特魅力，從而形成一種寬鬆和諧的文化氛圍，為魯迅研究的進一步深化貢獻一份力量；另一方面，我們也必須清醒地認識到，「他者」對魯迅形象的塑造並不是盡善盡美的，其中的偏頗也是極為明顯的，一些觀點缺乏應有的科學性，有的甚至是十分隨意的主觀判斷。因此，面對海外漢學家的洞見和偏見，我們絕對不要過分迷戀，不加選擇地加以鼓吹，而應該正確地加以辨析，為魯迅研究提供一個有效參照。只有如此，魯迅研究才有可能進一步走向深入，不至於誤入歧途。

（原載《魯迅研究月刊》2013 年第 4 期）

〔註28〕竹內好：《魯迅》，李心峰譯，浙江文藝出版社 1988 年版，第 28 頁。